VOUS VOULEZ EN SAVOIR PLUS SUR LES SUJETS ABORDÉS DANS LA COLLECTION ?

VOUS VOULEZ TESTER VOS CONNAISSANCES ?

RENDEZ-VOUS SUR LE COMPAGNON WEB DE LA COLLECTION *VIVRE ENSEMBLE* À L'ADRESSE

www.erpi.com/vivreensemble.cw

Vous y trouverez :

✓ **des adresses Internet et des références bibliographiques sur :**
  - les traditions religieuses ;
  - les sujets abordés en éthique ;

✓ **des quiz en ligne pour tester vos connaissances sur :**
  - les traditions religieuses ;
  - les notions et les concepts ;

✓ **des mots entrecroisés pour réviser les éléments importants de chaque dossier ;**

✓ **et plus encore...**

Comment avoir accès au **Compagnon Web ?**

1. Allez à l'adresse **www.erpi.com/vivreensemble.cw**

2. Entrez le nom d'utilisateur et le mot de passe ci-dessous :

Nom d'utilisateur	Mot de passe
cw62495	pthajy

3. Suivez les instructions à l'écran

Assistance technique : tech@erpi.com

11033W

ÉTHIQUE ET CULTURE RELIGIEUSE

(vivre ensemble 2)

2e secondaire CAHIER DE SAVOIRS ET D'ACTIVITÉS

Jacques Tessier

AVEC LA COLLABORATION DE
Martin Dubreuil
Stéphane Farley

ÉDITIONS DU RENOUVEAU PÉDAGOGIQUE INC.

5757, RUE CYPIHOT, SAINT-LAURENT (QUÉBEC) H4S 1R3
TÉLÉPHONE : 514 334-2690   TÉLÉCOPIEUR : 514 334-4720
erpidlm@erpi.com   www.erpi.com

Directrice de l'édition
Marie Duclos

Chargés de projet et réviseurs linguistiques
Diane Legros
Stéphanie Moreau
Pierre-Marie Paquin (Boîte à outils)

Correcteurs d'épreuves
Pierre-Yves L'Heureux
Isabelle Rolland

Recherchistes (photos, textes et droits)
Pierre-Richard Bernier
Jocelyne Gervais
Émilie Laurin Dansereau
Anne-Marie Martel

Directrice artistique
Hélène Cousineau

Coordonnatrice aux réalisations graphiques
Sylvie Piotte

Couverture et conception graphique
Frédérique Bouvier

Édition électronique
Catherine Boily

Illustrateurs
Florent Auguy, colagene.com : p. 62, 65
Bernard Duchesne : p. 87
Jérôme Mireault, colagene.com : p. 4, 18, 34, 50,
116, 134, 207, 208, 212
Martin Goneau : p. 1, 2, 5, 6, 7, 8, 13, 14, 213,
214, 215, 216

Cartographes
Julie Benoit (p. 35, 204, 205)
Dimension DPR (p. 179, 183, 187, 191, 195, 199)

Réviseurs scientifiques
Melchior Mbonimpa, Université de Sudbury,
sciences religieuses

Jean-René Milot, Ph. D. en études islamiques

Nicole O'Bomsawin, consultante et confé-
rencière, histoire, culture et patrimoine vivant
des autochtones

Isabelle Saine, enseignante au collège
André-Grasset, chargée de cours à l'UQAM
et doctorante à l'École des hautes études en
sciences sociales à Paris

François Thibeault, doctorant au Département
des sciences des religions à l'UQAM

Consultante pédagogique
Annie Desrosiers, professeure d'éthique et
culture religieuse, 1er cycle du secondaire,
école secondaire Saint-Jean-Baptiste,
commission scolaire Marie-Victorin

Rédacteurs
Michel Defoy, rédacteur (dossiers 4, 5 et 8)

Paul Trépanier, consultant en patrimoine,
histoire de l'art et de l'architecture (dossier 7)

Notes
Graphies : Il existe plusieurs façons d'écrire en
français les mots qui viennent d'autres langues.
Dans le présent ouvrage, nous avons privilégié
les translittérations qui se trouvent dans les
programmes d'éthique et culture religieuse ou
dans *Le petit Robert.*

Projection des planisphères : projection de
Robinson.

© ÉDITIONS DU RENOUVEAU PÉDAGOGIQUE INC., 2008

Dépôt légal – Bibliothèque et Archives nationales du Québec, 2008
Dépôt légal – Bibliothèque et Archives Canada, 2008

Imprimé au Canada   1234567890 II 098
ISBN 978-2-7613-2532-5   11033 ABCD 0F10

Votre nouveau cahier d'éthique et culture religieuse

Bonjour à vous,

Chaque nouvelle année scolaire apporte de nouveaux défis à relever ! En éthique et culture religieuse, vous apprendrez à mieux comprendre le monde dans lequel vous vivez. On vous demandera de réfléchir sur différents sujets, de vous informer, de bâtir votre opinion, d'échanger avec d'autres personnes. Et cela, dans les meilleures conditions possibles, peu importe le sujet.

Voici quatre questions que je me suis posées avant d'écrire ce cahier. Je m'amuse à vous les poser maintenant. Il n'y a pas de « bonne » réponse, ce sont des questions de réflexion. Écrivez vos réponses et revenez-y de temps à autre (pas besoin d'attendre que votre enseignant ou enseignante vous dise de le faire). Modifiez vos réponses, ajoutez des nuances, biffez des passages, entourez des mots importants, faites comme vous voulez, c'est votre réflexion !

Votre nom :

Le nom de votre enseignant ou enseignante :

Le numéro de votre groupe :

Recopiez votre code d'accès au Compagnon Web [**www.erpi.com/vivreensemble.cw**].

Nom d'utilisateur :

Mot de passe :

1. Quel est le lien entre l'expression « vivre-ensemble » et l'éthique et la culture religieuse ?

2. Comment faire pour dialoguer dans le but de mieux vivre ensemble ?

3. Qu'est-ce que la reconnaissance de l'autre peut apporter à quelqu'un ?

4. Que signifient les mots « la poursuite du bien commun » ?

Je vous souhaite une excellente année en éthique et culture religieuse.

L'auteur
Jacques Tessier :-)

Table des matières

Aperçu d'un dossier

Première partie du dossier

Le numéro et le titre du dossier

Le sommaire
- Pour situer les trois parties du dossier
- Pour voir quels sont les textes à lire et quelles sont les activités à faire

La mise en situation
- Des tableaux, des textes, des photos ou des illustrations pour faire connaissance avec le sujet du dossier

Des questions de réflexion
- Pour vous approprier le sujet, pour enclencher votre réflexion

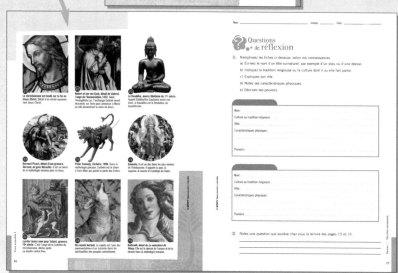

La page « Action »
- Pour connaître le but du dossier
- Pour cocher au fur et à mesure les tâches accomplies

- Pour orienter votre lecture

- Pour comprendre certains points de la compétence « Pratiquer le dialogue »
- Pour savoir quels éléments du programme sont travaillés

Deuxième partie du dossier

Les pages d'information

Des renvois au Compagnon Web
- Pour savoir où trouver plus d'information sur certains sujets

Des renvois à la Boîte à outils
- Pour vous faciliter la tâche !

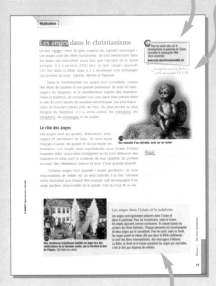

Des zones de vocabulaire
- Pour écrire la définition des mots soulignés. Un truc : consultez le glossaire !

Des renvois au glossaire
- Pour comprendre la signification des mots soulignés ; les définitions sont données à la fin du cahier, dans la section glossaire, aux pages 217 à 219

Des encadrés
- Pour en apprendre plus sur certains sujets

Des photos, des illustrations et des tableaux
- Pour « voir » ce dont il est question

Les pages d'activités

Des renvois aux pages
- Pour trouver l'information nécessaire pour faire l'activité

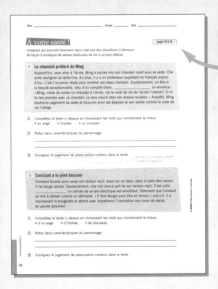

Troisième partie du dossier

Le bilan
- Un texte pour revoir le but du dossier et pour revenir sur les notions et concepts
- Des questions pour faire le point sur le sujet étudié et sur les compétences travaillées

Aperçu d'un dossier

Aperçu de
la Boîte à outils

Les compétences disciplinaires

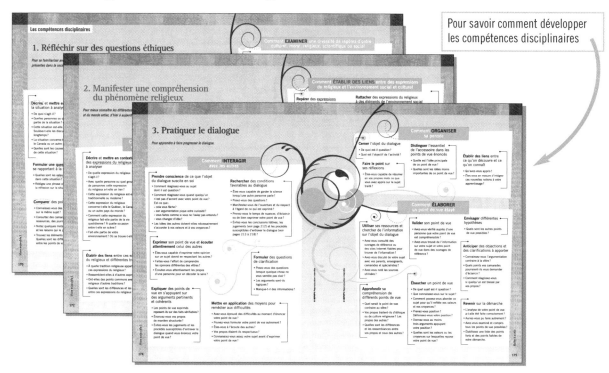

Pour savoir comment développer les compétences disciplinaires

Les traditions religieuses

La situation dans le monde

Pour en savoir plus sur les traditions religieuses abordées dans les dossiers

Les grands moments de l'histoire

- L'histoire de cette tradition au Québec

- La situation dans les régions du Québec

Le dialogue

- Des pistes pour mieux dialoguer

- Des méthodes pour élaborer un point de vue

- Des définitions et des exemples

- Des pièges à éviter

Gare aux pièges !

Préparation

Avec la rentrée en 2ᵉ secondaire, vous aurez l'occasion de discuter et d'échanger sur différents sujets, de faire valoir votre point de vue et d'entendre le point de vue des autres. Vous remettrez peut-être en question vos arguments et ceux des autres. Vous justifierez vos opinions.

Votre capacité d'évaluer et de remettre en question les arguments est un pas de plus vers l'autonomie. Les arguments des personnages des pages 1 et 2 sont des exemples de pièges à éviter pour que vos conversations soient constructives. Pour chaque personnage, indiquez le type de piège. Au besoin, consultez la Boîte à outils, aux pages 213 à 216.

> Les femmes ne devraient pas conduire des autobus scolaires. Elles sont dangereuses au volant.
>
> Type de piège : _____

> J'ai raté mon premier examen de mathématique. Je suis certaine que je vais rater les autres.
>
> Type de piège : _____

> Corinne ne sera jamais une bonne représentante de classe. Elle passe son temps à lire et à jouer aux échecs.
>
> Type de piège : _____

Type de piège : _____

Il paraît que la nourriture est très mauvaise à la cafétéria. Tout le monde le dit.

Type de piège : _____

J'espère que tu ne feras pas équipe avec lui. As-tu vu ses jeans démodés ?

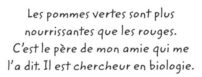

Les pommes vertes sont plus nourrissantes que les rouges. C'est le père de mon amie qui me l'a dit. Il est chercheur en biologie.

Type de piège : _____

Type de piège : _____

Ton grand frère, c'est celui qui passe son temps à l'aréna ? Pfff ! Je me méfie des sportifs.

Je ne participerai pas aux activités parascolaires. Mes amis disent que c'est trop nul.

Type de piège : _____

Questions de réflexion

1. Selon vous, qu'est-ce qui est important dans une discussion entre des personnes qui ont des opinions différentes ?

   _____

   _____

   _____

   _____

2. Lorsque deux personnes discutent ensemble, que se passe-t-il si les arguments utilisés ne reposent pas sur des éléments logiques et cohérents ?

   _____

   _____

   _____

   _____

3. Comment réagissez-vous quand vous entendez des arguments comme ceux présentés aux pages 1 et 2 ?

   _____

   _____

   _____

   _____

4. Vous arrive-t-il d'utiliser dans vos discussions des arguments semblables à ceux présentés aux pages 1 et 2 ? Expliquez votre réponse.

   _____

   _____

   _____

   _____

5. Notez une question que soulève chez vous la lecture des pages 1 et 2.

   _____

   _____

   _____

★ACTION !

Dans le but de d'approfondir vos connaissances au sujet des éléments qui peuvent nuire au dialogue et d'avancer vers l'autonomie quant à l'expression des points de vue :

❑ 1. Lisez les textes et les bandes dessinées qui les accompagnent aux pages 5 à 8. Cela vous permettra de prendre connaissance de différents pièges à éviter lorsque vous désirez que vos échanges soient constructifs et qu'ils reposent sur des arguments logiques et cohérents.

  ❑ p. 5, *Les pièges à éviter*

❑ 2. Pour vérifier votre compréhension des différents pièges, faites l'activité *Quel est le piège ?,* aux pages 9 et 10.

❑ 3. Afin d'approfondir votre compréhension des pièges qui peuvent nuire au dialogue dans des conversations, faites l'activité *Tomber dans le piège,* aux pages 11 et 12.

❑ 4. Pour faire le bilan du dossier 1, faites l'activité des pages 13 et 14.

atelier du **dialogue**

Une conversation est un échange entre deux ou plusieurs personnes dans le but de partager des idées ou des expériences.

Voir aussi la Boîte à outils, à la page 207.

Éléments du programme travaillés

Compétence disciplinaire 1 : **Réfléchir sur des questions éthiques.**	Compétence disciplinaire 3 : **Pratiquer le dialogue.**	Domaine général de formation : **Vivre-ensemble et citoyenneté.**
Thème : **L'autonomie.**	Forme du dialogue : **Conversation.**	Compétences transversales : **4. Mettre en œuvre sa pensée créatrice.** **9. Communiquer de façon appropriée.**
Contenu : **La dépendance et l'autonomie.**	Moyen pour élaborer un point de vue : **Justification.**	
	Moyen pour interroger un point de vue : **Procédés susceptibles d'entraver le dialogue.**	

Vivre ensemble 2

Les pièges à éviter

Pour vivre ensemble harmonieusement à l'école, avec les amis ou à la maison, il est souvent nécessaire de bien évaluer ses arguments lorsqu'il est temps de justifier son point de vue. Il est également nécessaire de savoir écouter le point de vue des autres. Parfois, pour faire avancer la discussion, il faut remettre en question les arguments utilisés. Certains arguments peuvent nuire au dialogue lorsqu'ils ne reposent pas sur des éléments logiques et cohérents. Pour que les conditions soient favorables à la discussion, voici des pièges à éviter.

→ Au besoin, consultez la Boîte à outils, à la page 210.

1. La généralisation abusive
2. L'attaque personnelle
3. L'argument d'autorité
4. L'appel à la popularité
5. L'appel au clan
6. L'appel au préjugé
7. L'appel au stéréotype

8. La double faute
9. La caricature
10. Le faux dilemme
11. La fausse causalité
12. La fausse analogie
13. La pente fatale
14. Le complot

En cours de lecture, surlignez les mots qui vous semblent importants.

→ Pour les sept premiers pièges, consultez la Boîte à outils, aux pages 213 et 214.

8. La double faute

La double faute consiste à dire qu'on a le droit de faire une bêtise parce que d'autres personnes font la même.

C'est injuste ! Mon professeur d'art dramatique m'a disputée devant toute la classe. Il dit que je parle trop. Joshua et Maximilien parlent tout le temps en classe, eux !

Ce n'est pas parce que d'autres élèves sont bavards que ça excuse le fait que tu as trop parlé en classe.

Dossier 1 • Gare aux pièges !

9. La caricature

La caricature déforme la pensée ou la position de quelqu'un en les représentant de manière simplifiée ou exagérée.

10. Le faux dilemme

Le faux dilemme, c'est le fait de présenter deux choix : le premier choix étant inacceptable, on se voit donc dans l'obligation de choisir l'autre possibilité.

11. La fausse causalité

C'est dire qu'un phénomène est la cause d'un autre phénomène alors qu'il n'y a pas vraiment de lien entre les deux.

12. La fausse analogie

Une fausse analogie, c'est dire qu'une chose est pareille à une autre, alors qu'elle ne fait que lui ressembler un peu. C'est tirer une conclusion à partir de cette ressemblance.

13. La pente fatale

La pente fatale, c'est le fait d'affirmer qu'une action va nécessairement causer une suite de situations épouvantables qui mèneront à coup sûr à un désastre.

14. Le complot

Le complot, c'est quand on pense qu'une situation est nécessairement causée par ceux qui profitent de cette situation.

Quel est le piège ?

pages 5 à 8

Voici quelques exemples de conversations entre des élèves qui font leur entrée en 2ᵉ année du secondaire. Ces situations contiennent des arguments qui ne reposent ni sur la logique ni sur la cohérence. Indiquez le type de piège qui se trouve dans chacune des situations.

1. La généralisation abusive
2. L'attaque personnelle
3. L'argument d'autorité
4. L'appel à la popularité
5. L'appel au clan
6. L'appel au préjugé
7. L'appel au stéréotype

8. La double faute
9. La caricature
10. Le faux dilemme
11. La fausse causalité
12. La fausse analogie
13. La pente fatale
14. Le complot

Au besoin, consultez la Boîte à outils, aux pages 213 à 216.

Exemple :

Le père de Ian veut savoir pourquoi son fils ne s'est pas inscrit dans l'équipe de base-ball cette année. Ian lui répond :

— Je ne joue pas au base-ball parce que mes amis de l'équipe de soccer trouvent que c'est un sport dépassé.

Type de piège : *5. L'appel au clan.*

A. Carlos est inquiet pour son amie Jessica.

— Jessica, tu ne devrais pas manger de frites. C'est cancérigène. Tu vas mourir du cancer.

Type de piège : _____

B. Un midi, à la bibliothèque, Raphaël se moque des élèves aux cheveux blonds.

— Les blonds sont toujours perdus, mêlés et ils ne savent jamais ce qu'ils veulent.

Type de piège : _____

C. Maria est exaspérée.

— Ce sont toujours les élèves qui jouent dans l'équipe de basket-ball qui arrivent les premiers dans l'autobus scolaire. Je suis certaine qu'ils quittent l'entraînement avant la fin.

Type de piège : _____

D. Simon et Camille discutent du dernier cours d'éducation physique. Simon affirme :

— La professeure d'éducation physique tousse tout le temps, comment veux-tu qu'elle nous enseigne à prendre soin de notre santé ?

Type de piège : _____

E. Une surveillante a donné un avertissement à Éric parce qu'au lieu de faire la file à la cafétéria, il est passé devant tout le monde. Éric répond :

— Ce matin, à l'arrêt d'autobus, personne ne faisait la file, et même les adultes passaient devant nous !

Type de piège : _____

F. Henri et sa mère discutent d'alimentation.

— Tu devrais manger plus de fruits, Henri.

— Je sais, il paraît que je devrais manger six fruits par jour. Veux-tu que je mange six melons ou six ananas chaque jour ?

Type de piège : _____

G. Sophie dit à Sabrina :

— De plus en plus de gens surveillent leur alimentation, et il y a de plus en plus de gens malades. À quoi ça sert de surveiller son alimentation ?

Type de piège : _____

H. Alexandra affirme à son frère Marcello :

— Tout le monde dit que mon école de danse est la meilleure. Si tout le monde le dit, c'est vrai.

Type de piège : _____

I. Pendant un débat, Hugo affirme que les cours de ski et de planche à neige devraient être gratuits et obligatoires, comme le sont les cours de français et de sciences au secondaire.

Type de piège : _____

J. Mathilde avoue à sa tante qu'elle ne parle jamais à sa voisine Stéphanie, parce qu'elle est toujours mal habillée.

Type de piège : _____

K. Rosalie affirme :

— Tous les gens qui font du karaté sont dangereux.

Type de piège : _____

Tomber dans le piège

pages 5 à 8

1. Les extraits de conversations suivants comportent des éléments qui nuisent au dialogue. Indiquez le type de piège dont il s'agit. Puis, imaginez une suite à la conversation qui fasse en sorte de ne pas nuire au dialogue et qui fera avancer la conversation.

1. La généralisation abusive

2. L'attaque personnelle

3. L'argument d'autorité

4. L'appel à la popularité

5. L'appel au clan

6. L'appel au préjugé

7. L'appel au stéréotype

8. La double faute

9. La caricature

10. Le faux dilemme

11. La fausse causalité

12. La fausse analogie

13. La pente fatale

14. Le complot

Exemple :

Jérémie refuse de prêter son livre d'histoire à son frère Lou.

Jérémie : Non maman, je ne veux pas. Lou est tellement dans la lune qu'on devra demander à la NASA d'aller récupérer mon livre là-bas.

Le type de piège : *La caricature.*

La réponse de la mère de Lou : *Jérémie, tu exagères ! Ton frère n'égare pas les objets qu'on lui prête. D'ailleurs, il n'a jamais perdu un objet qui t'appartenait.*

_____

_____

_____

A. Roxane a peur d'aller en ski. Elle discute avec sa mère.

Roxane : Je ne veux plus aller skier le samedi. La dernière fois que je suis allée en ski, c'était un samedi, comme aujourd'hui, et c'est le jour où ce garçon en planche à neige m'a fait tomber.

Le type de piège : _____

La réponse de la mère de Roxane : _____

_____

_____

_____

_____

B.   Lisette est furieuse contre son voisin Pierre-Olivier.

Lisette : Je ne comprends pas que tu parles encore à Charles-Hubert. Soit tu es ami avec ton cousin et tu peux oublier tous tes autres amis, soit tu es avec nous et tu ne parles plus à ton cousin.

Le type de piège : _____

La réponse de Pierre-Olivier : _____

_____

_____

_____

_____

C.   Francis nage avec le club aquatique de sa ville. Il voudrait avoir congé d'entraînement le vendredi soir. Il discute avec son père.

Francis : Je suis certain que ce sont les entraîneurs qui veulent qu'on soit à la piscine le vendredi soir. Ils aiment nous faire souffrir.

Le type de piège : _____

La réponse du père de Francis : _____

_____

_____

_____

_____

2.   Inventez une conversation entre deux personnes qui contient un des pièges qui nuisent au dialogue. Indiquez le type de piège. Puis rédigez une suite constructive à cette conversation.

_____

_____

_____

_____

_____

_____

Le type de piège : _____

La réponse de l'autre personne : _____

_____

_____

_____

_____

Bilan du dossier 1

Dans ce dossier, vous avez pris conscience du fait que l'utilisation de certains types d'arguments peut nuire au dialogue pendant une discussion.

Vous avez réalisé que dans les activités de tous les jours, il arrive fréquemment qu'on porte des jugements sur les situations que nous vivons et qu'il est parfois souhaitable de remettre en question des arguments utilisés. Lorsqu'on tente de faire valoir son point de vue, et que les opinions sont divergentes, pour faire avancer la discussion, les arguments doivent être pertinents. Le fait de prendre du recul par rapport à ces arguments nous aide à dépasser les stéréotypes, les préjugés, les idées préconçues.

Également, le fait de remettre en question les arguments utilisés est un pas de plus vers l'ouverture aux autres et l'autonomie.

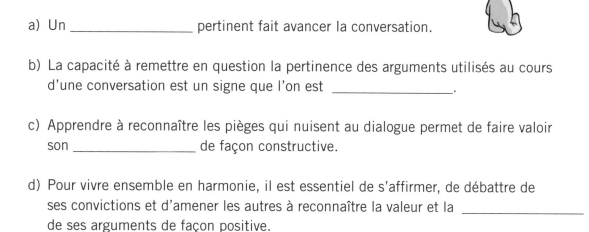

Pour vérifier vos connaissances, explorez la section *Jeux* du Compagnon Web *Vivre ensemble* :
www.erpi.com/vivreensemble.cw

1. Parmi les mots de la liste, choisissez celui qui convient pour compléter les phrases suivantes.

- autonome
- pertinence
- point de vue
- argument

a) Un _____ pertinent fait avancer la conversation.

b) La capacité à remettre en question la pertinence des arguments utilisés au cours d'une conversation est un signe que l'on est _____ .

c) Apprendre à reconnaître les pièges qui nuisent au dialogue permet de faire valoir son _____ de façon constructive.

d) Pour vivre ensemble en harmonie, il est essentiel de s'affirmer, de débattre de ses convictions et d'amener les autres à reconnaître la valeur et la _____ de ses arguments de façon positive.

2. Parmi les réponses ci-dessous, cochez celle qui montre que la personne ne se laisse pas prendre au piège et qu'elle fait preuve de jugement critique face aux arguments utilisés. Expliquez votre réponse.

« Marie, tu exagères, je ne t'ai jamais demandé de passer ta vie à faire du ménage et de négliger tes devoirs. Je te demande de ranger et de nettoyer ta chambre le samedi matin. »

❑ Maman, choisis : ou bien je fais mon ménage ou bien je réussis mes examens.

❑ Tu as raison : je crois que mon argument était caricatural. Je peux très bien nettoyer ma chambre et faire mes devoirs.

❑ Dans mon groupe d'amis, personne ne fait le ménage. Je ne suis pas une esclave !

_____

_____

_____

_____

3. Dans le texte suivant, encerclez les mots clés du dossier 1.

Pour vivre en paix avec les autres, lorsqu'on a des visions différentes des situations, il faut dialoguer pour trouver un terrain d'entente qui favorise l'harmonie dans une attitude d'ouverture et de respect de la différence.

Pour que le dialogue soit profitable, les arguments utilisés dans nos discussions doivent être pertinents, cohérents et logiques.

4. Avez-vous trouvé une réponse à la question rédigée au numéro 5 de la page 3 ? Expliquez votre réponse.

_____

_____

_____

_____

_____

Des êtres surnaturels

Préparation

Les cultures et les traditions religieuses représentent le divin et les êtres surnaturels de mille et une manières. Et elles le font depuis que le monde est monde ! Reconnaissez-vous les dieux, déesses, demi-dieux et héros ci-contre ? Inscrivez le nom de ceux que vous connaissez.

2.1

2.2

2.3

2.4

2.5

2.6

2.7

2.8

2.9

Dossier 2 • Des êtres surnaturels

2.1

Le christianisme est fondé sur la foi en Jésus-Christ. Détail d'un vitrail représentant Jésus-Christ.

2.2

Hubert et Jan van Eyck, détail de *Gabriel, l'ange de l'Annonciation*, 1432. Selon l'évangéliste Luc, l'archange Gabriel serait descendu sur Terre pour annoncer à Marie qu'elle deviendrait la mère de Jésus.

2.3

Le Bouddha, œuvre tibétaine du 11e siècle. Appelé Siddhartha Gautama avant son éveil, le Bouddha est le fondateur du bouddhisme.

2.4

Bernard Picart, détail d'une gravure, *Hercule,* en grec Héraclès. Il est un héros de la mythologie reconnu pour sa force.

2.5

Peter Connoly, *Cerbère*, 1990. Dans la mythologie grecque, Cerbère est le chien à trois têtes qui garde la porte des Enfers.

2.6

Ganesha. Il est un des dieux les plus vénérés de l'hindouisme. Il apporte la paix, la sagesse, le succès et il protège les foyers.

2.7

***Lucifer* (autre nom pour Satan), gravure, 19e siècle.** C'est l'ange de la Lumière du christianisme, déchu après sa révolte contre Dieu.

2.8

Un coyote hurlant. Le coyote est l'une des représentations d'un *trickster* dans les spiritualités des peuples autochtones.

2.9

Botticelli, détail de *La naissance de Vénus*. Elle est la déesse de l'amour et de la beauté dans la mythologie romaine.

❓ Questions *de* réflexion

1. Remplissez les fiches ci-dessous, selon vos connaissances.

   a) Écrivez le nom d'un être surnaturel, par exemple d'un dieu ou d'une déesse.

   b) Indiquez la tradition religieuse ou la culture dont il ou elle fait partie.

   c) Expliquez son rôle.

   d) Notez ses caractéristiques physiques.

   e) Décrivez ses pouvoirs.

Nom: _____

Culture ou tradition religieuse: _____

Rôle: _____

Caractéristiques physiques: _____

_____

_____

Pouvoirs: _____

Nom: _____

Culture ou tradition religieuse: _____

Rôle: _____

Caractéristiques physiques: _____

_____

_____

Pouvoirs: _____

2. Notez une question que soulève chez vous la lecture des pages 15 et 16.

   _____

   _____

   _____

Dossier 2 • Des êtres surnaturels

ACTION !

Dans le but de mieux connaître quelques représentations du divin et quelques êtres surnaturels, et de vous préparer à participer à une éventuelle discussion :

❏ 1. Lisez les textes des pages 19 et 20.
   ❏ p. 19, *Les anges dans le christianisme*
   ❏ p. 20, *L'image défendue*

❏ 2. Pour vérifier votre compréhension des textes, faites l'activité *Les anges et l'image défendue*, à la page 23.

❏ 3. Lisez les textes des pages 21 et 22.
   ❏ p. 21, *Glouskap et le sirop d'érable*
   ❏ p. 22, *Orphée et Eurydice*

❏ 4. Pour vérifier votre compréhension, faites les activités des pages 24 à 25.
   ❏ p. 24, *Glouskap*
   ❏ p. 25, *Orphée*

❏ 5. Amusez-vous à faire intervenir Glouskap, un *trickster*, Orphée ou un ange dans des situations fantastiques. Faites l'activité *À votre santé !,* aux pages 26 et 27.

❏ 6. Dans le but de vous préparer à participer à une discussion, faites la description d'un être surnaturel ou d'une représentation du divin de votre choix dans l'activité *Un être surnaturel,* à la page 28.

❏ 7. Pour faire le bilan du dossier, faites l'activité des pages 29 et 30.

> *En cours de lecture, surlignez les caractéristiques des représentations du divin.*

atelier du dialogue

Une **discussion** est un échange suivi et structuré, d'opinions, d'idées ou d'arguments dans le but d'en faire l'examen.

Voir aussi la Boîte à outils, à la page 207.

Éléments du programme travaillés

Compétence disciplinaire 2 :
Manifester une compréhension du phénomène religieux.

Thème :
Des représentations du divin et des êtres mythiques et surnaturels.

Contenu :
Des noms, des attributs et des symboles du divin ; des êtres mythiques et des êtres surnaturels.

Compétence disciplinaire 3 :
Pratiquer le dialogue.

Forme du dialogue :
Discussion.

Moyen pour élaborer un point de vue :
Description.

Moyen pour interroger un point de vue :
Types de jugements.

Domaine général de formation :
Santé et bien-être.

Compétences transversales :
1. Exploiter l'information.
3. Exercer son jugement critique.

Les anges dans le christianisme

Le mot « ange » vient du grec *angelos* qui signifie « messager ». Les anges sont des êtres surnaturels ; ils sont mentionnés dans les écrits qui remontent aussi loin que l'époque de la Grèce antique, il y a environ 2500 ans. Le mot « ange » apparaît 323 fois dans la Bible, mais il y a seulement trois archanges qui portent un nom : Gabriel, Michel et Raphaël.

Dans le christianisme, les anges sont considérés comme des êtres de lumière d'une grande puissance. Ils sont les messagers du Seigneur et le représentent auprès des humains. Selon la tradition, ils occupent tous une place bien précise dans le ciel. Ils sont classés de manière hiérarchique. Les plus importants se trouvent placés près de Dieu. Du plus proche au plus éloigné du Seigneur, il y a, entre autres, les chérubins, les séraphins, les archanges et les anges.

Le rôle des anges

Les anges sont les guides, défenseurs, messagers et serviteurs de Dieu. Ils sont aussi chargés d'aider, de guider et de surveiller les humains. Les anges sont représentés sous forme d'êtres humains ailés. Leurs ailes soulignent qu'ils sont différents des humains et elles sont le symbole de leur rapidité. Ils portent souvent des vêtements blancs et sont d'une grande beauté.

Certains anges sont appelés « anges gardiens » ; ils sont responsables de veiller sur un seul individu à la fois. Certains récits racontent que chaque être humain naît accompagné d'un ange gardien, responsable de le guider tout au long de sa vie.

Pour en savoir plus sur le christianisme, le judaïsme et l'islam, consultez le compagnon Web *Vivre ensemble* :
www.erpi.com/vivreensemble.cw

Consultez aussi la Boîte à outils, aux pages 176 à 193.

2.10 Une statuette d'un chérubin, assis sur un rocher.

Ange :

2.11 Une chrétienne brésilienne habillée en ange lors des célébrations de la Semaine sainte, qui se termine le jour de Pâques. Elle tient un calice.

Les anges dans l'islam et le judaïsme

Les anges sont également présents dans l'islam et dans le judaïsme. Pour les musulmans, selon le Coran, les anges agissent comme secrétaires. Ils notent toutes les actions des êtres humains. Chaque personne est accompagnée de deux anges qui la surveillent. Pour les juifs, dans la Torah, les anges jouent le même rôle que dans la Bible chrétienne : ce sont des êtres intermédiaires, des messagers d'Adonaï. La Bible, la Torah et le Coran comptent les anges par myriades, c'est-à-dire par dizaines de milliers.

Dossier 2 • Des êtres surnaturels

L'image défendue

Dans les traditions juive et musulmane, il est défendu de représenter Dieu à l'image de l'être humain ou à l'image de toute autre créature vivante. Aucun dessin, aucune sculpture, aucune peinture d'Adonaï (Yahvé) ou d'Allah n'est permis.

Dans la tradition juive

La Bible raconte qu'à une certaine époque, les juifs se vouaient à plus d'un dieu. Ils s'inclinaient devant diverses statues de bois ou de métal. Cet acte, d'adorer d'autres images que celle de Dieu, s'appelle l'« idolâtrie ». Pour mettre fin à ces pratiques, Dieu défendit à Moïse de faire un dieu à l'image de l'être humain, encore moins à l'image de toute créature vivante.

À partir de ce moment, l'idolâtrie et les représentations de Dieu furent interdites. Selon la tradition juive, Dieu est au-delà de toute compréhension humaine, il est impossible aux êtres humains de le représenter.

Dans la tradition musulmane

Devenu maître de La Mecque, Muhammad a ordonné de détruire toutes les idoles qui se trouvaient dans les sanctuaires. Il voulait éviter aux croyants la tentation d'adorer une divinité autre qu'Allah, le seul vrai Dieu. Pour les musulmans sunnites, fabriquer des statues ou même des images d'êtres vivants est interdit pour deux raisons : empêcher l'idolâtrie condamnée par le Coran et ne pas rivaliser avec Allah qui est le seul à avoir le pouvoir de créer. Les chiites, eux, admettent les images pieuses, mais pas les statues. Ces interdictions ont amené les musulmans à évoquer visuellement le divin d'une autre façon : ils sont passés maîtres dans les arts décoratifs, en particulier la céramique. Ils décorent leurs mosquées avec des motifs géométriques et des écritures du Coran très ornementées. Cela crée une impression de mouvement sans fin qui invite à la contemplation et au recueillement.

> « Tu ne te feras pas d'idole, ni rien qui ait la forme de ce qui se trouve au ciel là-haut, sur terre ici-bas ou dans les eaux sous la terre. (Exode, 20,4) »

2.12

La mosquée Hassan II. Cette mosquée, située sur la côte atlantique, à Casablanca, au Maroc, a été achevée en 1993. Elle est la plus grosse mosquée du monde, après La Mecque, en Arabie Saoudite. Cette mosquée peut accueillir 120 000 fidèles.

2.13

L'atelier d'un céramiste. Cet homme sculpte et peint le matériau qui couvre aujourd'hui les murs de la mosquée Hassan II.

 Glouskap et le sirop d'érable

Voici l'histoire de Glouskap, un *trickster* bien connu des Abénaquis. Les Abénaquis forment l'une des Premières Nations du Québec et sont plus de 2000 dans la province.

Qu'est-ce qu'un *trickster*?

Le *trickster* est un être surnaturel des spiritualités des peuples autochtones. Il figure partout en Amérique du Nord. Il se trouve aussi en Afrique noire et en Océanie. Il prend souvent la forme d'un animal agile : coyote, lapin, araignée ou corbeau ; ou encore, d'un géant humain. Ce personnage est malicieux, tricheur, sournois, joueur de tours, comique. Il cherche souvent à démontrer qu'il est important d'agir selon les règles morales.

2.14
Une variété de paniers de frêne.

Les Abénaquis

Les Abénaquis sont plus de 2000 dans la province. Environ 400 d'entre eux habitent une réserve, située sur la rive sud du fleuve Saint-Laurent, à la hauteur de Trois-Rivières. Les Abénaquis sont répartis en deux communautés : Odanak et Wôlinak. Selon une légende autochtone, les Abénaquis seraient nés dans un panier de frêne. D'ailleurs, les Abénaquis fabriquent ces paniers depuis des générations en pratiquant le battage du frêne. Cette tradition persiste et est encore pratiquée par une dizaine d'Abénaquis. Parmi les 70 000 descendants des peuples autochtones qui vivent au Québec, il y a aussi les Hurons-Wendats, les Cris, les Innus, les Mohawks et bien d'autres encore.

Lune de sirop d'érable

Quand la neige commencera juste à disparaître,
à l'orée de nos bois nordiques,
les érables encore une fois nous apporteront,
montée de leurs racines, une douce sève.
5 Une histoire abénaquise racontait ceci :
Une fois, les érables versèrent du pur sirop.
Tout au long de l'année, il suffisait de casser un rameau
pour remplir votre coupe en écorce de bouleau.
C'était si facile, les gens en devinrent paresseux.
10 Ils se contentaient de s'allonger sous les arbres,
la bouche ouverte, et de boire toute la journée.
Glouskap, le géant qui aidait le peuple,
vit que c'était là mal faire, et donc il mit en réserve
beaucoup d'eau dans chaque érable.
15 Et depuis ce jour, ce n'est pas aisé
de faire notre récolte auprès des arbres.
Nous faisons bouillir quarante litres de sève
pour n'obtenir qu'un seul de sirop d'érable.
Mais bien que Glouskap l'ait durci,
20 ce travail rend le goût de notre sirop bien meilleur.

Source : Joseph BRUCHAC, « Lune de sirop d'érable », traduit par Béatrice Machet, VOIX éditions, 2002. Titre original « Maple Sugaring Moon », tiré du recueil *No Borders : new poems*, Duluth, Minn, Holy Cow! Press, 1999.

Pour en savoir plus sur les spiritualités des peuples autochtones, consultez le compagnon Web *Vivre ensemble :*

www.erpi.com/vivreensemble.cw

Consultez aussi la Boîte à outils, aux pages 202 à 204.

2.15 **Joseph Bruchac est un poète abénaquis (1942-).** Il est l'auteur du poème *Lune de sirop d'érable.*

Orphée et Eurydice

La légende d'Orphée est tirée de la mythologie grecque. Elle met en scène de nombreux êtres surnaturels. Selon la légende, Orphée a vécu à l'époque de la Grèce antique, il y a environ 2500 ans.

Un artiste de talent

À la naissance d'Orphée, Apollon, le dieu de la pureté et de l'art, lui transmit le don de la poésie et de la musique. Orphée savait manier la lyre avec doigté et était un aède extraordinaire. Personne ne résistait à ses chants, à sa poésie et à sa musique. Il séduisait les dieux, les humains, les animaux et les arbres aussi. Même les hautes vagues se calmaient au son de sa voix.

Orphée grandit en sachant profiter à plein de ses talents. Il fit de nombreux voyages. Sur les navires, sa musique donnait le rythme aux rameurs, charmait les dangereuses créatures marines et apaisait les terreurs des navigateurs.

2.16 Orphée joue de la lyre aux animaux. Mosaïque romaine.

Mythologie grecque :

La mort d'Eurydice

Orphée épousa Eurydice. Au cours de la journée des noces, Orphée vit tout à coup Eurydice qui s'enfuyait. Elle se sauvait d'Aristée, un éleveur d'abeilles, qui lui faisait des avances. Par malheur, elle marcha sur un serpent. Piquée au talon, elle mourut sous les yeux horrifiés d'Orphée.

Orphée aux Enfers

Orphée fonça immédiatement vers la porte des Enfers dans l'espoir de ramener son amoureuse à la vie. Il joua de la lyre avec tant de grâce qu'il réussit à endormir Cerbère, le chien de garde à trois têtes. Orphée devait maintenant convaincre Hadès, le dieu de la mort, de le laisser repartir avec sa chère épouse. Ce qu'il réussit. Son chant, juste et doux, envoûta Hadès. Comme Hadès n'avait pas perdu toute sa tête, il imposa une condition à Orphée : « Tu ramèneras ta bien-aimée des Enfers, mais elle devra marcher derrière toi. Sous aucun prétexte, tu ne te retourneras pour la regarder avant d'atteindre le monde des vivants. » Orphée prit les devants. Tout juste avant de quitter les Enfers, inquiet, il ne put s'empêcher de se retourner vers Eurydice, qui disparut aussitôt. Il l'avait perdue pour toujours et resta à jamais inconsolable.

2.17 L'opéra *Orphée et Eurydice.* Cet opéra a été créé par le compositeur allemand Christoph Willibald Gluck (1714-1787). L'histoire d'amour d'Orphée et Eurydice a été mise en musique plusieurs fois et par de nombreux compositeurs.

Les anges et l'image défendue

pages 19 et 20

1. Indiquez trois rôles que jouent les anges dans le christianisme.

   _____

   _____

   _____

2. Comment les anges sont-il représentés physiquement ?

   _____

   _____

   _____

3. Y a-t-il des objets (œuvres d'art, livres ou affiches) ou des gens dans votre environnement qui vous rappellent les anges ? Expliquez votre réponse.

   _____

   _____

   _____

   _____

4. Qu'est-ce que l'idolâtrie ?

   _____

   _____

   _____

   _____

5. Pourquoi est-il interdit aux juifs et aux musulmans de représenter Dieu, sous la forme d'un être humain ou de toute autre créature vivante ?

   _____

   _____

   _____

   _____

6. Quel art les musulmans ont-ils développé pour exprimer leur respect envers Allah ?

   _____

   _____

Dossier 2 · Des êtres surnaturels

Glouskap

page 21

1. Qu'est qu'un *trickster* et quel rôle joue-t-il ?

   _____

   _____

   _____

   _____

2. À quelle tradition ou culture est associé cet être surnaturel ?

   _____

   _____

3. Quelle règle morale ressort du récit de Glouskap ?

   _____

   _____

   _____

4. Nommez des groupes de descendants des peuples autochtones.

   _____

   _____

5. Replacez les lettres des mots suivants dans le bon ordre, en inscrivant correctement
   la majuscule, s'il y a lieu.

   • whosmak : _____

   • teuhoacotn : _____

   • oluubea : _____

   • bquaénis : _____

   • nsuni : _____

   • iximulea : _____

   • ircs : _____

   • ripos éd'eblar : _____

   • ciaoneé : _____

   • rneêf : _____

Orphée

page 22

1. À quelle époque vécut Orphée selon la mythologie grecque ?

_____

2. Nommez cinq êtres surnaturels du récit *Orphée et Eurydice*. Ensuite, indiquez deux caractéristiques pour chacun d'eux.

- _____

_____

_____

- _____

_____

_____

- _____

_____

_____

- _____

_____

_____

- _____

_____

_____

3. Y a-t-il des objets (œuvres d'art, livres ou affiches) dans votre environnement rappelant le mythe d'Orphée ou son histoire d'amour avec Eurydice ? Expliquez votre réponse.

_____

_____

_____

4. La mythologie grecque comprend environ 30 000 dieux, déesses, demi-dieux et héros. Nommez-en au moins deux qui ne figurent pas dans le mythe d'Orphée et Eurydice.

_____   _____

_____   _____

Dossier 2 · Des êtres surnaturels

À votre santé !

pages 19 à 25

Imaginez qui pourrait intervenir dans chacune des situations ci-dessous
de façon à inculquer de saines habitudes de vie à certains élèves.

A Le chandail préféré de Ming

Aujourd'hui, pour aller à l'école, Ming a encore mis son chandail court sous sa veste. Elle aime souligner sa taille fine. En plus, il y a un professeur suppléant en français aujourd'hui. C'est l'occasion rêvée pour montrer son beau chandail. Soudainement, un être à la beauté exceptionnelle, vêtu d'un complet blanc, _____, lui annonce : « Ming, cesse de porter ce chandail à l'école, car le code de vie de l'école l'interdit ! Si tu te fais prendre avec ce chandail, ce sera inscrit dans ton dossier scolaire. » Aussitôt, Ming boutonne sagement sa veste et recouvre ainsi ses épaules et son ventre comme le code de vie l'oblige.

1. Complétez le texte ci-dessus en choisissant les mots qui conviennent le mieux.
   • un ange   • Orphée   • un *trickster*

2. Notez deux caractéristiques du personnage.

   _____

   _____

3. Soulignez le jugement de prescription contenu dans le texte.

   *Au besoin, consultez la Boîte
   à outils, à la page 212.*

B Constant a le pied dansant

Constant écoute sans cesse son lecteur mp3, assis sur un banc, dans la salle des casiers. Il ne bouge jamais. Soudainement, une voix douce sort de son lecteur mp3. C'est celle _____. Le rythme de sa lyre électrique est envoûtant. Tellement que Constant se met à danser comme un déchaîné. « Il faut bouger pour être en forme ! » crie-t-il. Il a maintenant la bougeotte et attend avec impatience l'inscription aux cours de danse, en janvier prochain.

1. Complétez le texte ci-dessus en choisissant les mots qui conviennent le mieux.
   • d'un ange   • d'Orphée   • de Glouskap

2. Notez deux caractéristiques du personnage.

   _____

   _____

3. Soulignez le jugement de prescription contenu dans le texte.

C Les angoisses de Karine

Cet après-midi, c'est l'examen de mathématique. Karine n'a pas hâte. Quand elle est stressée, elle a envie de fumer. La cloche sonne. Ça y est, son cœur bat à toute vitesse. Il reste 10 minutes avant l'examen, qui est difficile, paraît-il. Elle s'apprête à sortir. Soudainement, elle voit _____ d'une grande beauté. Il brille. « Karine, j'ai un message pour toi : il faut apprendre à gérer ton stress pour mieux vivre. Tout ira bien. Je sais que tu as bien étudié. » Elle se frotte les yeux : plus rien. Elle jette son paquet de cigarettes et respire un grand coup. L'examen s'est bien passé.

1. Complétez le texte ci-dessus en choisissant le personnage qui convient le mieux.
   • un ange   • Orphée   • Glouskap

2. Notez deux caractéristiques du personnage.

   _____

   _____

3. Soulignez le jugement de prescription contenu dans le texte.

D Magali et la malbouffe

Magali maintient un poids santé. « Compte-toi bien chanceuse ! » lui dit souvent sa maman. Car Magali cultive une bien mauvaise habitude : celle de mal manger. L'envie lui prend, pour la quatrième fois cette semaine, de s'offrir une poutine. Elle se rend au resto *Super Poutine*. Accoudée au comptoir, elle commande. Soudainement, _____ entre dans le restaurant, sous la forme d'un écureuil. « Tu as mangé des frites hier, avant-hier et lundi aussi. Il faut manger des aliments sains pour rester en santé ! » Magali fait la sourde oreille. « Tenez, lui dit le caissier, voici votre salade. » L'écureuil regarde la scène de loin. Il se tord de rire, fier de son coup.

1. Complétez le texte ci-dessus en choisissant le personnage qui convient le mieux.
   • un ange   • Orphée   • un *trickster*

2. Notez deux caractéristiques du personnage.

   _____

   _____

3. Soulignez le jugement de prescription contenu dans le texte.

Un être surnaturel

Dans un texte d'environ 200 mots, faites la description d'un être surnaturel. Vous pouvez décrire un de ceux que vous avez vus dans ce dossier ou en inventer un. Placez-le dans un environnement, expliquez son rôle, ses origines.

Au besoin, consultez la Boîte à outils, à la page 209.

Vous devez mentionner des caractéristiques physiques et morales, et faire le lien avec une ou plusieurs cultures ou traditions religieuses.

Mon être surnaturel est _____

_____

_____

_____

_____

_____

_____

_____

_____

_____

_____

_____

_____

_____

_____

_____

_____

_____

_____

_____

_____

_____

_____

_____

_____

Bilan du dossier 2

Dans ce dossier, vous avez appris qu'il existait, selon les cultures et les traditions religieuses, de nombreuses façons de représenter le divin ainsi que les être mythiques et surnaturels. Les représentations du divin, et des êtres mythiques et surnaturels étudiées dans ce dossier sont des expressions du religieux des traditions religieuses présentes au Québec. Le fait de découvrir ces personnages vous a permis de différencier une règle morale d'un principe moral. Cela vous a aussi permis d'associer des objets, événements ou symboles de votre environnement actuel à un dieu, une déesse, un *trickster* ou un ange.

> Pour en savoir plus sur la mythologie grecque, consultez le compagnon Web *Vivre ensemble* :
> **www.erpi.com/vivreensemble.cw**

1. À l'aide d'un trait, associez un élément de la colonne de gauche à une tradition ou une culture religieuse de la colonne de droite.

Hadès ○
Glouskap ○
Apollon ○
L'interdiction de représenter Dieu ○
L'archange Gabriel ○
Les anges gardiens ○
Orphée ○
Un *trickster* ○

○ Le judaïsme

○ Le christianisme

○ L'islam

○ Les spiritualités des peuples autochtones

○ La mythologie grecque

2. Qu'avez-vous appris au sujet :

- d'Orphée ? _____
  _____
  _____

- de Glouskap ? _____
  _____
  _____

- de l'interdiction de représenter Dieu ? _____
  _____
  _____

- des anges ? _____
  _____
  _____

Dossier 2 · Des êtres surnaturels

3. Vous avez souligné un jugement de prescription par situation dans l'activité aux pages 26 et 27. Lequel des énoncés suivants est un jugement de prescription ?

a) Je préfère la céramique aux sculptures d'anges. . . . .☐

b) Tu ne tueras point. . . . .☐

c) La Bible est le livre sacré des chrétiens. . . . .☐

4. Avez-vous utilisé la Boîte à outils ? Expliquez votre réponse.

_____

5. Vous avez analysé quatre situations où des êtres surnaturels sont venus en aide à des élèves aux prises avec des problèmes.

a) Laquelle des quatre situations avez-vous préférée ?_____

b) Pourquoi ?_____

_____

c) Dans la vie courante, que proposeriez-vous à l'élève en vedette ?

_____

_____

6. Avez-vous trouvé une réponse à la question que vous vous posiez avant de lire le dossier (question n° 2, à la page 17) ? Expliquez votre réponse.

_____

_____

_____

_____

2.18

Un ange de neige. Il suffit de battre des pieds et des bras dans la neige pour dessiner un ange.

Vivre ensemble 2

Le drapeau du Québec

3

Préparation . . . . 31 à 34
Questions de réflexion 33
Action ! 34

Réalisation . . . . 35 à 44
Lecture : La bannière de Carillon 35
Lecture : Le Carillon Sacré-Cœur 37
Lecture : Le drapeau national 39
Lecture : La fleur de lis 40

Activité : Une bannière dans les airs 41
Activité : Le Québec catholique 42
Activité : La levée du drapeau 43
Activité : Un drapeau à notre image 44

Intégration . . . . 45 et 46
Bilan du dossier 3 45

Préparation

Les symboles sur les drapeaux ont tous une signification particulière. Grâce à eux, il est possible d'en connaître davantage sur l'histoire, le système politique et la religion du territoire qu'ils représentent.

En général, les drapeaux sont conçus pour représenter les pays, les villes, les États, les provinces, les nations, les groupes et les organismes. Aujourd'hui, on appelle « drapeau » toute étoffe portant un symbole. Il suffit de penser au drapeau olympique, marqué des cinq anneaux de couleur, chacun représentant un continent. Ou encore, le drapeau en damier, associé à la Formule 1 et au ski alpin.

3.1
Le drapeau actuel du Québec a été adopté le 21 janvier 1948. Tout au long de son évolution, il a affiché des symboles religieux en lien avec la religion catholique.

Dossier 3 • Le drapeau du Québec

31

Observez les drapeaux ci-dessous et lisez les textes qui les accompagnent. Ensuite, choisissez, dans l'encadré intitulé *Symboles*, les énoncés qui s'appliquent à chacun des drapeaux. Indiquez votre réponse en entourant les lettres correspondant aux énoncés pertinents.

Drapeau de l'Algérie

L'Algérie est un pays d'Afrique du Nord à majorité musulmane.

a   b   c   d   e   f   g   h

Drapeau du Royaume-Uni

Le Royaume-Uni regroupe l'Angleterre, l'Écosse, le pays de Galles et l'Irlande du Nord.

a   b   c   d   e   f   g   h

Drapeau de l'Inde

Le bouddhisme est né en Inde, mais aujourd'hui, c'est l'hin?douisme qui est la religion la plus pratiquée de ce pays.

a   b   c   d   e   f   g   h

Drapeau d'Israël

Israël est un pays du Proche-Orient. Sa population est juive à plus de 80 %.

a   b   c   d   e   f   g   h

Symboles

a. L'étoile de David, au centre du drapeau, est le symbole du judaïsme.

b. Pour certains musulmans, l'étoile à cinq branches représente les cinq piliers de l'islam.

c. Selon l'islam, le vert est la couleur du paradis et le blanc, celle de la pureté.

d. Le blanc et le bleu sont les couleurs du *tallit,* le châle de prière juif.

e. La croix rouge symbolise saint Georges, personnage chrétien, protecteur de l'Angleterre.

f. Le croissant représente le calendrier lunaire qui rythme l'année musulmane avec ses rites et ses fêtes.

g. La croix blanche diagonale symbolise saint André, personnage chrétien, protecteur de l'Écosse.

h. La roue du *dharma*, au centre du drapeau, est un symbole bouddhiste. On l'appelle le *dharmacakra* d'Ashoka.

Voir la solution au bas de la page 33.

Questions *de* réflexion

1. Nommez quatre types d'informations que peuvent représenter les symboles sur les drapeaux.

    _____   _____

    _____   _____

2. a) Parmi les drapeaux de la page précédente, lequel porte des symboles du christianisme ?

    _____

    b) Quels sont ces symboles ?

    _____

    _____

    _____

3. Mis à part les drapeaux de la page précédente, en connaissez-vous qui comportent des symboles religieux ? Donnez des exemples.

    _____

    _____

    _____

4. Selon vous, y a-t-il des symboles religieux sur le drapeau du Québec ?
    Expliquez votre réponse.

    _____

    _____

    _____

    _____

    _____

5. Notez une question que soulève chez vous la lecture des pages 31 et 32.

    _____

    _____

    _____

    _____

Solution de l'activité de la page 32 : Algérie : b, c, f. Royaume-Uni : e, g. Inde : h. Israël : a, d.

★ACTION !

Dans le but de prendre conscience de l'influence du catholicisme sur la société québécoise et d'étudier les origines du drapeau du Québec :

❑ 1. Lisez les textes des pages 35 et 36. Surlignez les mots qui vous semblent importants au sujet du patrimoine religieux québécois.

    ❑ p. 35, *La bannière de Carillon*

❑ 2. Pour vérifier votre compréhension des textes, faites l'activité *Une bannière dans les airs,* à la page 41.

❑ 3. Lisez les textes des pages 37 et 38.

    ❑ p. 37, *Le Carillon Sacré-Cœur*

❑ 4. Pour vérifier votre compréhension des textes, faites l'activité *Le Québec catholique,* à la page 42.

❑ 5. Lisez les textes des pages 39 et 40.

    ❑ p. 39, *Le drapeau national*
    ❑ p. 40, *La fleur de lis*

❑ 6. Pour vérifier votre compréhension des textes, faites l'activité *La levée du drapeau,* à la page 43.

❑ 7. Afin de vous préparer à participer à une délibération, faites l'activité *Un drapeau à notre image,* à la page 44. Ajouter un jugement de préférence à vos propos !

❑ 8. Pour faire le bilan du dossier 3, faites l'activité des pages 45 et 46.

atelier *du* dialogue

Une délibération est un examen avec d'autres personnes des différents aspects d'une question (des faits, des intérêts en jeu, des normes et des valeurs, des conséquences probables d'une décision, etc.) pour en arriver à une décision commune.

Voir aussi la Boîte à outils, à la page 207.

Éléments du programme travaillés

Compétence disciplinaire 2 :
Manifester une compréhension du phénomène religieux.

Thème :
Le patrimoine religieux québécois.

Contenu :
Des fondatrices et des fondateurs, des personnages marquants et des institutions.

Compétence disciplinaire 3 :
Pratiquer le dialogue.

Forme du dialogue :
Délibération.

Moyen pour élaborer un point de vue :
Justification.

Moyen pour interroger un point de vue :
Types de jugements.

Domaine général de formation :
Vivre-ensemble et citoyenneté.

Compétences transversales :
3. Exercer son jugement critique.
8. Coopérer.

La bannière de Carillon

Une victoire des Français

Le drapeau du Québec n'a pas toujours ressemblé à celui qu'on connaît aujourd'hui. Il a été redessiné plusieurs fois. L'origine du drapeau du Québec remonte au temps de la guerre de Sept Ans (1756-1763). Cette guerre, le premier grand conflit mondial, opposait la France et la Grande-Bretagne. Elle a eu des répercussions jusque dans la colonie française de l'époque : la Nouvelle-France. La dernière victoire d'envergure de l'armée française sur les Britanniques a eu lieu le 8 juillet 1758. C'était au fort Carillon, aujourd'hui Ticonderoga, situé dans l'État de New York, aux États-Unis.

La bannière de la victoire

Parmi les drapeaux français qui flottaient pendant le combat, il y avait la bannière de Carillon. D'un côté, la Vierge Marie prenait place au centre du drapeau, avec Jésus, son fils, dans les bras. Le fond bleu renvoyait à la robe de Marie. Quatre fleurs de lis ornaient les coins. De l'autre côté, on apercevait le dessin des armoiries du marquis de Beauharnois, gouverneur de la Nouvelle-France, de 1726 à 1746 et quatre fleurs de lis.

L'année suivante, les Français connurent la défaite. C'était en 1759, sur les plaines d'Abraham. La Nouvelle-France passa alors aux mains des Britanniques.

3.7 La bannière de Carillon dans l'état où elle se trouvait vers 1900.

3.8 La version restaurée de la bannière de Carillon, du côté de la Vierge Marie.

3.6 La Nouvelle-France vers 1745.

La Nouvelle-France

La Nouvelle-France regroupait les colonies françaises en Amérique du Nord. Son territoire s'étendait de l'embouchure du Saint-Laurent au delta du fleuve Mississippi, en passant par la vallée de l'Ohio. Le tracé rouge délimite le Québec d'aujourd'hui.

3.9 Au verso de la bannière de Carillon, on voit le dessin des armoiries fait par George Saint-Michel, dessinateur au ministère des travaux publics du Québec.

Dossier 3 • Le drapeau du Québec

Un symbole historique

Après la défaite des soldats français en 1759, le régime britannique règne dans la colonie. La bannière de Carillon sombre dans l'oubli. Presque 100 ans s'écoulent avant qu'on la revoie. C'est lors du défilé de la fête de la Saint-Jean-Baptiste, le 24 juin 1848, que la bannière est déployée de nouveau ; elle devient un important symbole de l'histoire.

L'auteur du poème suivant, Octave Crémazie, fait partie des premiers poètes canadiens-français. Il était aussi libraire. Ce poème a été composé à l'occasion de la venue de la frégate française *La Capricieuse*, le 13 juillet 1855. *La Capricieuse* est le premier navire de guerre français à accoster au Canada après la conquête du Canada par la Grande-Bretagne.

Ô noble et vieux drapeau [...]

Quand tu passes ainsi comme un rayon de flamme,
Ton aspect vénéré fait briller dans notre âme
Tout ce monde de gloire où vivaient nos aïeux.

5 Leurs grands jours de combats, leurs immortels faits d'armes,
Leurs efforts surhumains, leurs malheurs et leurs larmes,
Dans un rêve entrevus, passent devant nos yeux.
[...]

Ah ! Bientôt puissions-nous, ô drapeau de nos pères !
10 Voir tous les Canadiens, unis comme des frères,
Comme au jour du combat se serrer près de toi !
Puisse des souvenirs la tradition sainte
En régnant dans leur cœur, garder de toute atteinte
Et leur langue et leur foi !

Source : Le drapeau de Carillon, Octave Crémazie (1827-1879)
Bibliothèque et Archives Canada [en ligne]. (Consulté le 6 mars 2008.)

3.10

Les fêtes de la Saint-Jean-Baptiste.
Des Québécois participent aux festivités de la Saint-Jean-Baptiste et brandissent le drapeau du Québec.

Les origines de la fête de la Saint-Jean-Baptiste

Ludger Duvernay, un journaliste bien connu de l'époque, fut l'instigateur de la première célébration de la fête du Québec, le 24 juin 1834. Pour l'occasion, il organisa un grand banquet dans le but d'unir la communauté québécoise francophone, afin qu'elle se libère de l'autorité britannique. Monsieur Duvernay écrit dans son journal, *La Minerve :* « Cette fête, dont le but est de cimenter l'union entre les Canadiens, ne sera point sans fruits. Elle sera célébrée annuellement comme fête nationale, et ne pourra manquer de produire les plus heureux résultats. » Aujourd'hui, la fête nationale est célébrée en musique, partout au Québec. Elle souligne le talent de nos artistes, les réalisations de nos travailleurs et les origines d'une communauté en changement.

Pour en savoir plus sur l'histoire de la Nouvelle-France, consultez le compagnon Web *Vivre ensemble :*
www.erpi.com/vivreensemble.cw

Le **Carillon** Sacré-Cœur

Quelques propositions

Au début du 20ᵉ siècle, le Québec souhaite se doter de son propre drapeau. Il en veut un à l'image de la société et de ses valeurs. De nombreuses propositions sont refusées. La toute première proposition est faite en 1901 par l'abbé Frédéric-Alexandre Baillairgé, alors professeur de théologie au collège de Joliette. Elle est la première d'une longue série.

En 1902, le père Elphège Filiatrault fait à son tour une proposition qui s'inspire de la bannière de Carillon. Il reprend le fond bleu ainsi que les quatre fleurs de lis blanches inclinées dans chacun des quatre coins. Il y ajoute une croix blanche qui traverse le drapeau en son centre. Il nomme son drapeau « le fleurdelisé ». Le bleu rappelle la Vierge Marie et le drapeau de la France de l'époque de la Nouvelle-France. Comme bien d'autres auparavant, cette proposition n'est pas accueillie favorablement.

Pour en savoir plus sur le drapeau du Québec, consultez le compagnon Web *Vivre ensemble* : **www.erpi.com/vivreensemble.cw**

Dévotion :

L'adoption du Carillon Sacré-Cœur

En 1903, le vent tourne pour le père Filiatrault. Il fait une nouvelle proposition de drapeau : le Carillon Sacré-Cœur. Les gens sont enchantés.

Le père Filiatrault ajoute deux éléments à son drapeau « fleurdelisé », conçu l'année précédente, qui représentent la société de l'époque. Au centre de la croix blanche, le Sacré-Cœur témoigne de la dévotion des catholiques du Québec pour ce symbole de l'amour infini du Christ. Sous le Sacré-Cœur, une guirlande de feuilles d'érable représente l'appartenance à la société canadienne.

3.11 Le Carillon Sacré-Cœur.

Dossier 3 • Le drapeau du Québec

Le Sacré-Cœur de Jésus

L'image du cœur sacré de Jésus est composée de nombreux symboles. Le cœur de Jésus, surmonté de flammes, représente l'amour infini du Christ pour l'humanité. Cet amour est si intense que le cœur s'enflamme. La couronne d'épines, qui entoure le cœur, rappelle un épisode de la passion du Christ. En effet, selon les Évangiles, avant de mettre Jésus sur la croix, les Romains lui auraient placé une couronne d'épines sur la tête. Ils auraient fait cela pour ridiculiser celui à qui Pilate aurait demandé : «Es-tu le roi des juifs?» À cette question, Jésus aurait répondu «Ma royauté n'est pas de ce monde...» La croix qui surmonte le cœur rappelle le sacrifice du Christ pour le salut de l'humanité.

La dévotion au Sacré-Cœur de Jésus

Au Québec, à partir de 1910, la dévotion au Sacré-Cœur est popularisée par un prêtre d'origine française, le père Victor Lelièvre. Il fait ériger des centaines de statues du Sacré-Cœur à travers la province, dans les églises et les lieux de travail. Il encourage les familles à prier et à afficher des images du Sacré-Cœur dans leur foyer, afin d'être protégés. Pour les catholiques du temps, les représentations du Sacré-Cœur symbolisent l'amour de Dieu.

Cette même année, le Québec célèbre le Sacré-Coeur pour la première fois. Les gens sortent dans les rues pour participer à une marche au flambeau. Cette fête en l'honneur du Sacré-Cœur de Jésus reste inscrite au calendrier pendant plusieurs années.

3.12 Une image du Sacré-Cœur.

Salut de l'humanité :

Pour en savoir plus sur le catholicisme, consultez le compagnon Web *Vivre ensemble* : **www.erpi.com/vivreensemble.cw**

Consultez aussi la Boîte à outils, aux pages 178 à 181.

3.13 Le père Victor Lelièvre (1876-1956) était un prêtre et un missionnaire.

3.14 Une statue du Sacré-Cœur, à Beauport, au Québec.

Le drapeau national

Dans les années 1940, la société québécoise se modernise à vive allure ; les valeurs changent. Par exemple, en 1940, le droit de vote est accordé aux femmes. En 1943, la Loi sur l'instruction publique oblige les parents à envoyer les enfants de 6 à 14 ans à l'école. En 1944, Hydro-Québec voit le jour. Et en 1945, de nombreuses écoles techniques sont construites.

En 1946, la question du drapeau national du Québec revient à l'ordre du jour. Un député indépendant, René Chaloult, demande à la communauté du Québec d'adopter un drapeau qui représente la société, son histoire et ses valeurs. Le premier ministre de l'époque, Maurice Duplessis, prend le dossier en mains et étudie plusieurs possibilités. Il tranche finalement en faveur de la majorité de la population qui réclame le drapeau que l'on connaît aujourd'hui.

Les symboles

Le drapeau actuel du Québec a des points communs avec le Carillon Sacré-Cœur. Toutefois, le Sacré-Cœur et la guirlande de feuilles d'érable n'y sont plus. La croix blanche et le fond bleu sont conservés. Les quatre fleurs de lis sont placées à la verticale, à l'intérieur des rectangles bleus formés par la croix. Les fleurs de lis et le fond bleu représentent les origines françaises d'une grande partie de la population. Le fond bleu est aussi un symbole religieux qui rappelle la robe de la Vierge Marie, personnage important pour les catholiques. La croix blanche rappelle la foi chrétienne.

Le 21 janvier 1948, Maurice Duplessis déclare : « Le fleurdelisé flottera aujourd'hui à trois heures de l'après-midi sur la tour centrale du parlement. »

Depuis les années 1960, le drapeau flotte à maints endroits dans le monde et particulièrement dans la francophonie.

3.15

Thérèse Casgrain (1896-1981). Militante engagée, elle a posé de nombreux gestes d'importance pour les droits des femmes au Québec et au Canada, pour les droits et libertés de la personne et pour la paix. Elle est aussi la fondatrice de la Fédération des femmes du Québec (1966).

3.16

La tour centrale du parlement. Le drapeau national, le fleurdelisé, surplombe le parlement depuis le 21 janvier 1948.

3.17

Le drapeau du Québec flotte à l'extérieur du Vancouver Convention and Exhibition Centre, à Vancouver.

Dossier 3 · Le drapeau du Québec

La fleur de lis

Un emblème vieux comme le monde

Il y a 3000 ans, les Assyriens, qui vivaient au nord de l'Irak, utilisèrent la fleur de lis comme motif décoratif. Ensuite, elle est apparue en Inde, en Égypte, en Grèce, à Rome et en Gaule. La première bannière portant la fleur de lis a été remise au roi de France, Philippe Auguste, en 1179. Il la transportait dans toutes ses campagnes militaires.

C'est Jacques Cartier qui a utilisé le premier cet emblème en Amérique du Nord. À son arrivée à Gaspé en 1534, il y a planté une croix ornée de trois fleurs de lis.

3.18

Jacques Cartier fait ériger une croix ornée de fleurs de lis à Gaspé en 1534. C'est lui qui, le premier, a utilisé l'emblème de la fleur de lis en territoire nord-américain.

3.19

La victoire de l'armée française de Montcalm sur les Britanniques, en 1758. Les drapeaux bleu et blanc ornés de fleurs de lis rappellent les couleurs de l'armée française.

Une bannière dans les airs

pages 35 et 36

1. Lisez attentivement le texte des pages 35 et 36. Ensuite, dites de qui ou de quoi il s'agit dans les énoncés suivants.

   A. Je suis la mère de Jésus.

   _____

   _____

   B. Je suis le lieu où s'est tenue la bataille entre les Français et les Britanniques, en 1758.

   _____

   _____

   C. Je suis le premier conflit d'envergure mondiale.

   _____

   _____

   D. Je suis l'une des deux couleurs de l'ancien drapeau de la France, qui est présente sur la bannière de Carillon.

   _____

   E. Après 90 ans d'absence, je reviens à la Saint-Jean-Baptiste en 1848.

   _____

   _____

   F. Je suis l'un des premiers poètes francophones du Canada.

   _____

   _____

2. Célébrez-vous la fête de la Saint-Jean-Baptiste ? Expliquez votre réponse.

   _____

   _____

   _____

   _____

3. Expliquez en vos mots ce que vous comprenez du poème *Le drapeau de Carillon*, d'Octave Crémazie.

   _____

   _____

   _____

Le Québec catholique

pages 37 et 38

1. Nommez les quatre symboles religieux présents sur le drapeau du Carillon Sacré-Cœur et dites ce qu'ils représentent.

1. Symbole: _____   3. Symbole: _____

    _____   _____

    _____   _____

2. Symbole: _____   4. Symbole: _____

    _____   _____

    _____   _____

2. Expliquez la dévotion de la population du Québec au Sacré-Cœur, au début du 20ᵉ siècle.

    _____

    _____

    _____

    _____

3. Nommez des lieux, des bâtiments ou des monuments qui comportent le nom de Sacré-Cœur.

    _____

    _____

La levée du drapeau

1. Quels symboles religieux trouve-t-on sur le drapeau national du Québec ?
Expliquez leur signification.

_____

_____

_____

_____

_____

_____

2. De quoi s'agit-il ? Entourez la ou les bonnes réponses.

A. Le père Elphège Filiatrault me crée en 1903.

a) La bannière de Carillon

b) Le Carillon Sacré-Cœur

c) Le fleurdelisé

B. Je porte un symbole religieux.

a) La bannière de Carillon

b) Le Carillon Sacré-Cœur

c) Le fleurdelisé

C. Je deviens le drapeau du Québec en 1948.

a) Le fleurdelisé

b) Le Carillon Sacré-Cœur

c) La bannière de Carillon

D. Je suis affiché partout dans les rues du Québec, le 24 juin de chaque année.

a) Le Carillon Sacré-Cœur

b) La bannière de Carillon

c) Le fleurdelisé

E. Je porte une représentation de la Vierge Marie.

a) La bannière de Carillon

b) Le Carillon Sacré-Cœur

c) Le fleurdelisé

F. J'ai été utilisé pendant la guerre de Sept Ans.

a) La bannière de Carillon

b) Le Carillon Sacré-Cœur

c) Le fleurdelisé

3. Le drapeau du Québec flotte à plusieurs endroits.

a) Où l'avez-vous déjà vu ?

_____

_____

b) Pourquoi flottait-il à cet endroit ?

_____

_____

Un drapeau à notre image

Imaginez la situation suivante :

Un groupe de personnes demande au gouvernement québécois de modifier le drapeau national actuel. La raison : le drapeau ne reflète pas ce qu'est devenue la société québécoise.

Vous recevez une invitation à participer à une délibération. Le but de cette délibération est d'arriver à s'entendre sur les symboles que devraient comporter le drapeau du Québec.

Vous devez proposer de garder au moins un des symboles du drapeau actuel et d'en ajouter au moins un nouveau. Justifiez votre choix à l'aide de deux arguments pour appuyer chacune de vos propositions.

Pour chaque proposition, prévoyez une objection. Une de ces objections doit comporter un jugement de préférence.

Au besoin, consultez la Boîte à outils, aux pages 207 et 210.

Un **jugement de préférence** est un énoncé dans lequel une personne exprime ses goûts ou ses préférences.

Voir aussi la Boîte à outils, à la page 212.

Symbole à conserver

Symbole que je propose de conserver : _____

1er argument : _____

2e argument : _____

Objection que pourrait formuler un membre du groupe de délibération (comportant un jugement de préférence) :

_____

_____

Réponse à cette objection : _____

Symbole à ajouter

Symbole que je désire ajouter : _____

1er argument : _____

2e argument : _____

Objection que pourrait formuler un membre du groupe de délibération (comportant un jugement de préférence) :

_____

_____

Réponse à cette objection : _____

Vivre ensemble 2

Bilan du dossier 3

Dans ce dossier, vous avez vu l'influence du catholicisme sur la société québécoise en parcourant l'histoire du drapeau. Vous avez également vu que les symboles du drapeau ont, selon les époques, représenté les valeurs de la société. Vous avez pu observer des expressions du religieux nombreuses et variées comme les symboles religieux présents sur un grand nombre de drapeaux, la fête de la Saint-Jean-Baptiste et la dévotion au Sacré-Cœur.

1. Saviez-vous que le drapeau du Québec comportait des symboles religieux ? Expliquez votre réponse.

   _____

   _____

   _____

   _____

2. Que retenez-vous des symboles religieux présents sur les différentes versions du drapeau du Québec ?

   _____

   _____

   _____

3. a) À la page 44, avez-vous réussi à formuler une objection comportant un jugement de préférence ? Expliquez votre réponse.

   _____

   _____

   b) Dans vos mots, expliquez ce qu'est un jugement de préférence. *Au besoin, consultez la Boîte à outils, à la page 212.*

   _____

   _____

   _____

4. Ce que vous avez vu dans ce dossier vous amènera-t-il à vouloir connaître la signification des symboles sur les drapeaux que vous verrez à l'avenir ?

   _____

   _____

   _____

5. Ce dossier vous a-t-il permis de développer un intérêt pour les valeurs véhiculées par les groupes, les villes et les États à travers le symbolisme de leur drapeau ? Expliquez votre réponse.

_____

_____

_____

_____

_____

6. Avez-vous trouvé une réponse à la question que vous vous posiez avant de lire le dossier (question n° 5, à la page 33) ? Expliquez votre réponse.

_____

_____

_____

_____

_____

7. Nommez un élément du dossier que vous avez trouvé particulièrement intéressant. Expliquez votre réponse en indiquant comment ces nouvelles connaissances vous aideront à mieux comprendre la société actuelle.

_____

_____

_____

_____

_____

3.20
Les drapeaux sont porteurs de symboles.

3.21
Des gens rassemblés lors de la fête de la Saint-Jean-Baptiste.

Avec ou sans fumée

Préparation

Un vaccin antinicotine ?

« Fumer coûte cher, sent mauvais et est nocif pour la santé. [...] Et ni les timbres transdermiques, bonbons à sucer ou lecture de livres soi-disant «miracles» pour arrêter n'ont eu l'efficacité escomptée. Voici peut-être une bonne nouvelle : un vaccin expérimental antinicotine a donné des résultats encourageants. [...]

Le vaccin est basé sur le principe des bactériophages, des virus qui attaquent les bactéries. Les bactériophages contenus dans le vaccin s'attachent à la nicotine et la neutralisent avant qu'elle ne puisse atteindre et stimuler le cerveau. Il est prévu de procéder à des essais cliniques plus étendus pour démontrer l'innocuité et l'efficacité de ce vaccin qu'on espère pouvoir commercialiser en 2010. »

Source : TF1 [en ligne]. (Consulté le 24 janvier 2008.)

Innocuité :

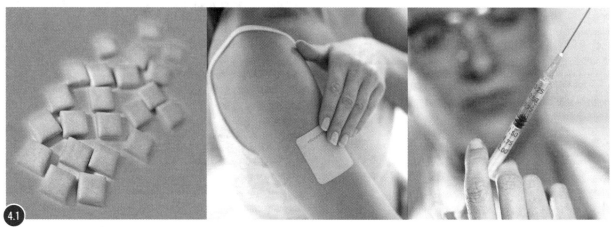

4.1

Des moyens pour arrêter de fumer. La gomme de nicotine et les timbres transdermiques font partie des outils qui existent sur le marché pour aider les individus à cesser de fumer. À quand le vaccin ?

Dossier 4 · Avec ou sans fumée

Vrai ou faux?

1. Environ **8 nouveaux fumeurs** sur 10 deviennent accros.
□ V □ F

2. Chaque année, on fabrique plus de **5000 milliards** de cigarettes dans le monde.
□ V □ F

3. En plus du goudron, de la nicotine et du monoxyde de carbone, la fumée de cigarette contient quelque **4000** produits chimiques.
□ V □ F

4. Il y a environ **1,3 milliard de fumeurs** dans le monde.
□ V □ F

5. Les pays en développement consomment **70 %** de la production mondiale de tabac.
□ V □ F

6. Les Québécois fument leur **première cigarette** complète à l'âge moyen de 12,5 ans.
□ V □ F

7. Au Québec, le tabac cause la mort de **13 000** personnes par année. C'est l'équivalent de la population de la ville d'Amos, en Abitibi.
□ V □ F

8. **Aucune** étude ne prouve que commencer à fumer entraîne une perte de poids.
□ V □ F

9. La consommation mondiale de tabac s'élevait à **6,4 millions de tonnes** en 2004.
□ V □ F

10. **Deux millions** de personnes gagnent leur vie en travaillant dans des usines de tabac.
□ V □ F

Sources : Organisation mondiale de la santé, Santé Canada, Institut de la statistique du Québec, ministère de la Santé et des Services sociaux du Québec.

Pour la solution, voir la question 4, à la page 49.

Pour en savoir plus sur la production du tabac, consultez le compagnon Web *Vivre ensemble :*
www.erpi.com/vivreensemble.cw

La culture du tabac

Un champ de tabac. La culture du tabac exige des soins attentifs : pas moins de 150 visites du fermier en période de croissance. Après deux mois, les plants mesurent 1,50 m de haut et leurs feuilles, 30 cm de long sur 25 cm de large.

Le séchage. Une fois récoltées, les feuilles sont cousues deux par deux et mises à sécher pendant environ 50 jours.

Dans une manufacture de cigare. Les feuilles sont séparées, puis on les aplatit et on en retire la tige avec ses ramifications. Les feuilles sont ensuite mélangées et menées à la table de roulage, où les ouvrières fabriquent en moyenne 120 cigares par jour.

Questions
de réflexion

1. Quel est votre point de vue sur le tabac ? Expliquez votre réponse.

   _____

   _____

2. Votre point de vue sur la consommation de tabac a-t-il évolué récemment ?
   Expliquez votre réponse.

   _____

   _____

3. a) Au Québec, le ministère de la Santé et des Services sociaux recommande des vaccins
   contre de nombreuses maladies : la diphtérie, la poliomyélite et l'infection à méningocoque.
   Selon vous, pourquoi conçoit-on des vaccins ?

   _____

   _____

   _____

   b) Selon vous, pourquoi certains scientifiques se consacrent-ils à la recherche d'un vaccin
   antinicotine ?

   _____

   _____

4. Toutes ces réponses sont vraies ! Choisissez deux énoncés auxquels vous avez répondu
   « faux ». Expliquez pourquoi vous avez répondu « faux ».

   Choix 1 : _____

   _____

   Choix 2 : _____

   _____

   Explication : _____

   _____

   _____

5. Notez une question que soulève chez vous la lecture des pages 47 et 48.

   _____

   _____

   _____

Dossier 4 · Avec ou sans fumée

★ACTION !

Dans le but de réfléchir à la situation du tabagisme dans notre société et de prendre conscience des valeurs associées à ce sujet :

❑ 1. Lisez les textes des pages 51 et 52.
  ❑ p. 51, *La loi, c'est la loi !*
  ❑ p. 52, *Autres temps, autres mœurs*

❑ 2. Pour vérifier votre compréhension des textes, faites l'activité *Des valeurs en révolution,* aux pages 53 et 54.

❑ 3. Lisez le texte des pages 55 et 56.
  ❑ p. 55, *Contre le tabac*
  ❑ p. 56, *Pour le tabac*

❑ 4. Pour vérifier votre compréhension du texte, faites l'activité *Génies au travail,* à la page 57.

❑ 5. Afin de vous préparer à participer à un débat, faites l'activité *À vous la parole !,* à la page 58.

❑ 6. Pour faire le bilan du dossier 4, faites l'activité des pages 59 et 60.

> *En cours de lecture, surlignez les dates et les mots qui vous semblent importants.*

atelier du dialogue

Un débat est un échange encadré entre des personnes ayant des avis différents sur un sujet controversé.

Voir aussi la Boîte à outils, à la page 208.

Éléments du programme travaillés

Compétence disciplinaire 1 :
Réfléchir sur des questions éthiques.

Thèmes :
La liberté ; l'autonomie ; l'ordre social.

Contenu :
Des limites à la liberté ; des individus et des groupes ; des groupes, des institutions et des organisations ; des formes d'obéissance et de désobéissance à la loi, la transformation des valeurs et des normes.

Compétence disciplinaire 3 :
Pratiquer le dialogue.

Forme du dialogue :
Débat.

Moyen pour élaborer un point de vue :
Synthèse.

Moyen pour interroger un point de vue :
Procédés susceptibles d'entraver le dialogue.

Domaine général de formation :
Environnement et consommation.

Compétences transversales :
3. Exercer son jugement critique.
9. Communiquer de façon appropriée.

La loi, c'est la loi !

Vers la fin des années 1960, les résultats des premières grandes recherches sur le tabac sont annoncés : le tabac est un danger pour la santé. Depuis, on réglemente son usage.

Non à la cigarette en milieu de travail

La Loi sur la santé des non-fumeurs a été proclamée en 1989. Elle régissait la consommation de tabac en milieu de travail et dans les transports en commun.

La Loi réglementant les produits du tabac n'est entrée en vigueur qu'en 1994. Cette loi exigeait que les emballages de produits du tabac présentent des avertissements explicites. Elle a longtemps été contestée devant les tribunaux par les fabricants de tabac.

L'âge de raison

En 1994, la Loi sur la vente du tabac aux jeunes remplaçait la Loi sur la répression de l'usage du tabac chez les adolescents, qui datait de 1908. Cette loi a fait passer de 16 ans à 18 ans l'âge minimum pour acheter du tabac. En 1997, cette loi a été remplacée par des dispositions de la nouvelle Loi sur le tabac.

Cette Loi sur le tabac est adoptée en 1997 afin de réglementer la production, la vente, l'étiquetage et la promotion des produits du tabac au Canada. Cette loi rend plus strictes les règles sur la publicité et l'emballage.

La cigarette au Québec

Depuis 1999, le gouvernement du Québec a voté sa propre Loi sur le tabac. Elle remplace l'ancienne Loi sur la protection de la santé des non-fumeurs dans certains lieux publics, qui datait de 1987. Cette loi est présentée comme un outil important dans la lutte contre le tabagisme. Elle vise à protéger les jeunes contre la dépendance à la nicotine et à limiter les effets de la fumée secondaire chez les non-fumeurs.

Cette loi a subi des changements importants en 2005. Depuis, il est illégal de fumer dans les bars et les restaurants. On a également interdit l'usage du tabac dans un rayon de neuf mètres de la porte de certains endroits publics, comme les garderies, les écoles et les hopitaux.

4.5

Défense de fumer. Ce symbole apparaît dans de nombreux endroits publics au Québec et ailleurs dans le monde.

4.6 L'âge légal pour l'achat de cigarettes, selon la province, en 2002

Province	Âge légal d'achat (2002)
Terre-Neuve-et-Labrador	19
Île-du-Prince-Édouard	19
Nouvelle-Écosse	19
Nouveau-Brunswick	19
Québec	18
Ontario	19
Manitoba	18
Saskatchewan	18
Alberta	18
Colombie-Britannique	19

Source : Âge légal exigé pour l'achat de cigarettes, selon la province, Canada, 2002 et 1994, Santé Canada [en ligne]. (Consulté le 21 janvier 2008).

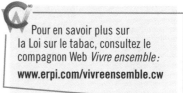

Pour en savoir plus sur la Loi sur le tabac, consultez le compagnon Web *Vivre ensemble* : **www.erpi.com/vivreensemble.cw**

Dossier 4 · Avec ou sans fumée

Autres temps, autres mœurs

Il y a 50 ans, l'usage du tabac était très répandu dans la société. Fumer faisait partie des mœurs. Aujourd'hui, les valeurs que prônent les Québécois à ce sujet ont évolué dans une autre direction. Fumer est désormais considéré nocif pour la santé. L'image du fumeur est de plus en plus négative.

Pour l'égalité !

À une époque, fumer rimait avec s'émanciper. Les femmes, après la Seconde Guerre mondiale (1939-1945), se sont mises à fumer en grand nombre. En posant ce geste, elles se sentaient égales aux hommes.

Une jeunesse enfumée

Pour certains adolescents, fumer est, encore aujourd'hui, considéré comme un rite de passage. Pour ces jeunes, cela signifie quitter le monde de l'enfance pour entrer dans le monde des adultes.

Au petit écran

Au milieu du 20e siècle, la consommation de tabac à la télévision et au cinéma était toute naturelle. Les films traitaient rarement de la dépendance ou des maladies liées au tabac. Fumer faisait partie des habitudes de vie adoptées par des personnages riches, puissants et séduisants. Fumer était à la mode.

Lucky Luke : un ex-fumeur

Aujourd'hui, on voit moins de stars de la télévision et du cinéma fumer à l'écran. Les personnages qui fument sont souvent des méchants. Certains personnages de bandes dessinées ont même cessé de fumer, comme Lucky Luke, qui a troqué la cigarette contre un brin d'herbe en 1983.

4.7
René Lévesque (1922-1987), premier ministre du Québec de 1976 à 1985. Ce personnage très médiatisé faisait partie des gens qu'on voyait fumer en tout temps et en tout lieu : en conférence de presse, à la télévision, au parlement.

4.8
Lucky Luke, un héros de bandes dessinées.

Des valeurs en révolution

pages 51 et 52

→ *Au besoin, consultez la Boîte à outils, à la page 210.*

1. Afin de faire la (synthèse) de l'évolution des lois sur le tabac, inscrivez chacune des lois mentionnées dans le texte *La loi, c'est la loi !*, de la page 51, sur cette ligne du temps.

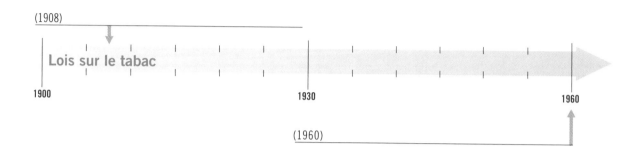

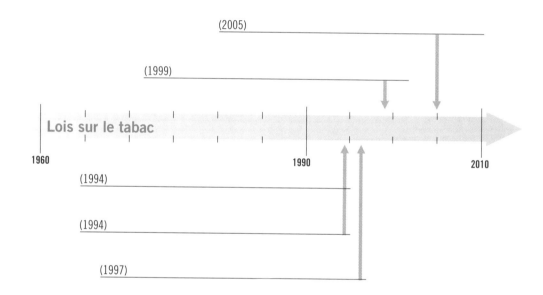

2. Parmi les questions suivantes, lesquelles sont des questions éthiques se rattachant au texte *Autres temps, autres mœurs* ? Entourez vos réponses.

   A. Devrait-on cesser la production du tabac ?

   B. Les usagers du tabac sont-ils des personnes libres ?

   C. Quel pays est le plus grand producteur de tabac au monde ?

   D. Pourquoi cesser de fumer alors que la cigarette procure des emplois ?

   E. Est-il justifié de légiférer en matière de consommation de tabac ?

   F. Combien d'enseignants de votre école fument la cigarette ?

Dossier 4 · Avec ou sans fumée

3. Pour certains adolescents, fumer est un rite de passage. Qu'est-ce que cela signifie ?

_____

_____

_____

_____

_____

_____

4. Lisez les affirmations suivantes. Quelle valeur est en jeu ? Inscrivez vos réponses à l'endroit approprié.

> • La santé   • Le souci de son apparence   • L'égalité
>
> • Le respect de la liberté   • L'affirmation de soi
>
> • Le besoin d'évasion   • Suivre les tendances

A. J'ai récemment arrêté de fumer. Je souhaite prendre soin de moi.

Valeur : _____

B. J'adore me promener la cigarette au bec. J'ai l'impression d'être une star de cinéma.

Valeur : _____

C. J'ai 13 ans. Je fume. De cette manière, je me sens plus vieux.

Valeur : _____

D. J'ai commencé à fumer en 1948. J'en étais fière, j'avais l'impression d'être l'égale des hommes.

Valeur : _____

5. De quelle manière l'image des consommateurs de tabac a-t-elle changé depuis les 50 dernières années ? Expliquez votre réponse.

_____

_____

_____

_____

_____

Contre le tabac

Des preuves scientifiques

La science a fourni des arguments solides à la lutte au tabagisme. Par exemple, selon un rapport américain, le tabagisme augmente de 20 % le risque de plusieurs types de cancer : poumon, vessie, col de l'utérus, œsophage, rein, larynx, bouche, sang et estomac.

Pour en savoir plus sur la lutte au tabagisme, consultez le compagnon Web *Vivre ensemble* : **www.erpi.com/vivreensemble.cw**

Le discours antitabac ne date pas d'hier...

« Dans les statistiques officielles, les incrédules verraient que l'abus du tabac a tué plus de monde en France, depuis 1830, que tous les fléaux de la guerre, des épidémies et des disettes.

Source : Extrait d'un numéro du *Journal de la société contre l'abus du tabac*, publié en France en 1883.

La fumée secondaire, un enjeu prioritaire !

Les recherches sur la <u>fumée secondaire</u> ont fourni un argument de poids aux groupes antitabac. Selon de nombreuses études scientifiques, il y a un lien direct entre la fumée secondaire et les problèmes de santé éprouvés par les non-fumeurs. La fumée aggrave les symptômes d'allergies et d'asthme, augmente le risque des maladies cardiaques et respiratoires, et le risque de pneumonie, de bronchite et d'otite chez les jeunes enfants. Elle peut également nuire à la croissance du fœtus chez les femmes enceintes.

Fumée secondaire :

Actions antitabac : au front !

La lutte contre le tabagisme est bien organisée. Au niveau gouvernemental, elle est menée par le ministère de la Santé et des Services sociaux, qui vote des lois et investit des sommes considérables dans des activités de prévention. D'autres organisations militent activement pour limiter l'usage du tabac. Parmi les actions antitabac les plus remarquées, il faut mentionner la publicité dénonçant les effets du tabac et les concours récompensant les fumeurs qui décident d'en finir avec la cigarette. On remarque les campagnes antitabac à la télévision, dans les journaux et dans Internet.

4.9

Dossier 4 · Avec ou sans fumée

Pour le tabac

Ce que disait le dictionnaire... en 1873

« Fumer, c'est obtenir une trêve à la tristesse, aux préoccupations irritantes, aux petites misères de la vie. C'est aussi une diminution des sensations de fatigue, d'ennui, de découragement. C'est enfin une sorte d'ivresse légère, qui caresse les nerfs et empêche de vagabonder. »

Source : Pierre LAROUSSE, *Grand Dictionnaire universel du XIXe siècle*, 1873.

4.10

Une manifestation contre la réglementation plus sévère du tabac. Un homme s'exprime en faisant ce qui lui plaît : fumer.

Fumer, j'adore !

Fumer est une action stimulante pour les amateurs de tabac. Il y a le plaisir ressenti avant de fumer, dans l'anticipation de l'action. Il y a le plaisir des sens : aspirer la fumée et en regarder les volutes. Et il y a le plaisir après avoir fumé, qui est semblable à la satisfaction d'une envie.

Au nom de ma liberté

Sur le plan des libertés individuelles, un conflit oppose les fumeurs aux non-fumeurs. Les non-fumeurs accusent les fumeurs de ne pas les respecter. Les défenseurs du tabac, qu'ils soient fumeurs ou non-fumeurs, disent pour leur part que, en interdisant l'usage du tabac, on brime les droits individuels des fumeurs.

Et les producteurs dans tout ça ?

Les grandes compagnies de tabac, de leur côté, ne nient plus les effets néfastes de la cigarette. Cependant, reconnaissant qu'une partie de la population a fait le choix de fumer en toute liberté, elles continuent de vendre leurs produits. Parallèlement, elles disent investir dans le développement de produits soi-disant moins nocifs pour la santé des non-fumeurs, comme le tabac sans fumée.

Hors-la-loi

Face à des lois antitabac de plus en plus sévères, fumer peut être considéré comme un acte de désobéissance civile. En 1994, le grand intellectuel québécois Pierre Bourgault, aujourd'hui décédé, écrivait en réaction à l'interdiction de fumer dans les campus universitaires :

4.11

Pierre Bourgault (1934-2003).

« Contre les anti-fumeurs fanatiques, j'appelle les fumeurs et les non-fumeurs à la résistance en souhaitant qu'ils n'auront pas la lâcheté d'obéir à des règlements aveugles et stupides. Quant à moi, je veux être le premier contrevenant interpellé. Ce devrait être facile puisque j'ai toujours une cigarette au bec. Si vous enlevez les cendriers, je jetterai mes mégots par terre. Si vous me tapez une amende, je la contesterai en justice et si vous m'expulsez, je vous sommerai de donner mon cours à ma place. Assez, c'est assez ! Et si vous étouffez, ouvrez les fenêtres... ça va vous aérer l'esprit et vous permettre de respirer goulûment les gaz d'échappement de votre beau char. »

Source : Pierre BOURGAULT, « Vers un campus sans fumée », *Le Devoir*, 27 septembre 1994, p. A8.

Génies au travail

1. Remplissez le tableau suivant en indiquant la position pour ou contre le tabac du groupe de personnes ou de la personne inscrite.

Individu ou groupe d'individus	Pour le tabac	Contre le tabac
Les scientifiques		
Les usagers du tabac		
Le ministère de la Santé et des Services sociaux du Québec		
L'intellectuel Pierre Bourgault		
Les producteurs de tabac		
Le *Grand Dictionnaire universel du XIXe siècle*		
Les fondateurs du *Journal de la société contre l'abus de tabac*		

2. Donnez deux exemples d'actions antitabac.

1. _____   2. _____

3. Trouvez deux faits scientifiques qui montrent que le tabagisme nuit à la santé.

1. _____

2. _____

4. Relisez le texte de Pierre Bourgault à la page précédente.

a) Quelle valeur appuie-t-il ? Choisissez une réponse parmi les suivantes :

   • La liberté   • Le droit de parole   • La santé
   • Le respect de l'environnement   • Le droit à la vie

b) Expliquez votre réponse.

_____

_____

c) Formulez une question éthique à partir de la valeur que vous avez choisie.

_____

d) Pierre Bourgault affirme : « [...] ça va vous aérer l'esprit et vous permettre de respirer goulûment les gaz d'échappement de votre beau char. » De quel piège du dialogue s'agit-il ? Entourez la réponse.

   • La double faute   • L'appel au clan   • L'attaque personnelle

Dossier 4 · Avec ou sans fumée

À vous la parole !

Vous participez à un débat. Voici la question éthique à laquelle vous devez répondre :

Devrait-on poursuivre la production de tabac ?

Prenez position à l'aide du contenu présenté dans ce dossier. Faites ressortir les valeurs qui vous tiennent à cœur et (justifiez) votre position à l'aide de deux arguments.

Au besoin, consultez la Boîte à outils, à la page 210.

Prise de position

Quelle position adoptez-vous ? _____

_____

_____

_____

Sur quelles valeurs repose votre point de vue ? Entourez vos réponses.

La liberté

Le bien-être

La tolérance

La justice

Le droit à la différence

Le respect

Mon argumentation

1er argument :

_____

_____

_____

_____

2e argument :

_____

_____

_____

Nom : _____ Groupe : _____

Bilan du dossier 4

Dans ce dossier, vous avez réfléchi à la situation du tabagisme dans notre société. Vous avez pris conscience des <u>valeurs</u> associées à ce sujet, comme la liberté, l'égalité et le bien-être. Vous avez vu l'évolution des <u>normes</u> (lois) quant à la consommation du tabac et vous avez constaté que le progrès scientifique est à la source de ces changements.

1. Dans ce dossier, vous avez vu que les individus dont le point de vue est en faveur du tabagisme invoquent la liberté pour justifier leur position. Êtes-vous d'accord ?

   _____

   _____

   _____

   _____

2. Maintenant que vous en connaissez davantage sur la situation du tabac, votre point de vue sur la consommation du tabac a-t-il changé ? Expliquez votre réponse.

   _____

   _____

   _____

   _____

3. Dans l'activité *À vous la parole !*, sur quels repères vous êtes vous appuyés pour bâtir votre point de vue ?

   _____

   _____

   _____

4. Ce que vous avez vu dans ce dossier vous a-t-il permis de mieux comprendre l'importance de vos choix personnels pour votre santé et votre bien-être ? Expliquez votre réponse.

   _____

   _____

   _____

5. Avez-vous trouvé une réponse à la question que vous vous posiez avant de lire le dossier (question n° 5, à la page 49) ? Expliquez votre réponse.

   _____

   _____

Dossier 4 · Avec ou sans fumée

atelier du dialogue

6. De quel piège susceptible de nuire au dialogue s'agit-il ? Choisissez les bonnes réponses parmi la liste suivante.

Au besoin, consultez la Boîte à outils, aux pages 213 à 216.

A. « Ma meilleure amie me reproche souvent de fumer la cigarette. Pourtant, plusieurs personnalités connues fument aussi. Alors, ce n'est pas grave si je le fais. »

❑ La double faute
❑ L'appel au clan
❑ La fausse causalité

B. — Sais-tu quoi ?, demande Pierre-Philippe à Billy.

— Non, quoi ?

— J'ai vu Daniela fumer à moins de deux mètres de la clôture, hier. Elle n'a pas respecté la loi. Cette fille a tout d'une criminelle.

❑ La caricature
❑ La généralisation abusive
❑ La fausse causalité

4.12 Aujourd'hui, il est désormais interdit de fumer dans les lieux publics.

4.13 En 1955, un ouvrier clicheur polit un moule installé sur un flan, dans une imprimerie, en fumant.

Le téléchargement : vol ou partage ?

Préparation

Curiosité planétaire

En 2007, Avril Lavigne a vendu 7,3 millions d'exemplaires en format numérique de sa chanson *Girlfriend* dans le monde entier.

5.1

5.2

Les ventes de musique en format numérique ont compté pour 2,9 milliards $ US en 2007.

Des dizaines de milliards de fichiers illégaux ont été échangés en 2007. Pour 20 chansons piratées, on compte une chanson téléchargée en toute légalité.

En 2007, on comptait plus de 500 entreprises de vente de musique en format numérique dans le monde. La sélection vendue en ligne comptait plus de 6 000 000 de chansons, soit plus de 4 fois l'équivalent du stock d'un grand magasin de disques.

5.3

Le téléchargement de chansons à l'unité, le format numérique le plus populaire, a augmenté de 53 % en 2007, soit à 1,7 milliard d'unités.

5.4

Source : International Federation of the Phonographic Industry (IFPI) [en ligne]. (Consulté le 29 février 2008.)

L'affaire Jammie Thomas

Une association qui défend les intérêts de l'industrie du disque aux États-Unis, la Recording Industry Association of America (RIAA), a intenté un procès en justice contre Jammie Thomas, une Américaine accusée d'avoir téléchargé illégalement de la musique dans Internet. On lui reproche également d'avoir partagé cette musique en ligne avec d'autres internautes.

Mme Thomas est la première personne poursuivie par l'industrie dont la cause s'est terminée par la tenue d'un procès. Même si plus de 1700 pièces musicales sont en cause dans ce dossier, la RIAA poursuit Mme Thomas pour violation du droit d'auteur sur seulement 24 chansons appartenant à six grandes maisons de disques.

L'avocat de Mme Thomas prétendait que la poursuite ne pouvait rien prouver hors de tout doute.

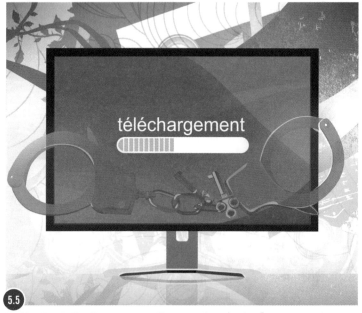

5.5 L'utilisation de l'ordinateur peut-elle mener à poser des gestes contraires à la loi ?

Le verdict

Les jurés ont conclu que la jeune femme avait violé la législation relative au droit d'auteur concernant l'ensemble des 24 chansons.

À l'issue du procès, le juge a estimé que Jammie Thomas devait s'acquitter du paiement de 9250 $ par chanson, pour un total de 222 000 $.

L'internaute a fondu en larmes au moment du verdict. «Jammie a déjà du mal à joindre les deux bouts.», a confié son avocat. La RIAA a affirmé que la sentence envoie le message que télécharger et distribuer les enregistrements n'est pas sans conséquence. L'amende impressionnante marque la victoire de l'industrie musicale sur le téléchargement illégal.

Vers un nouveau procès

Jammie Thomas se prépare à demander un nouveau procès. La jeune femme et ses avocats ne contestent pas le verdict, mais le montant de l'amende.

Source : Inspiré de Le Devoir, *Téléchargement illégal : une Américaine va devoir verser 222 000 $* [en ligne]. (Consulté le 21 avril 2008.)

Questions de réflexion

1. Connaissez-vous des créateurs dont les œuvres sont accessibles dans Internet ?

   _____

   _____

   _____

2. Selon vous, est-il permis de télécharger les œuvres de ces créateurs ?

   _____

   _____

   _____

3. Vous avez sans doute déjà fait un dessin, composé un poème ou un air de musique. Imaginez qu'on ait placé votre œuvre dans une revue ou un site Internet sans votre permission. Comment réagiriez-vous ?

   _____

   _____

   _____

4. a) Combien de pièces musicales auraient été téléchargées par Jammie Thomas selon l'industrie américaine du disque ?

   _____

   b) Que pensez-vous du verdict de la cour et de la sentence imposée à Mme Thomas ?

   _____

   _____

5. Selon les statistiques de 2007, pour 20 chansons piratées, une seule est téléchargée légalement. Quelle interprétation faites-vous de cette donnée ?

   _____

   _____

   _____

   _____

6. Notez une question que soulève chez vous la lecture des pages 61 et 62.

   _____

   _____

   _____

⭐ ACTION !

Dans le but de prendre conscience de l'importance du télécharge-ment au Québec et ailleurs dans le monde, et de réfléchir aux limites à la liberté :

❑ 1. Lisez le texte des pages 65 à 68.
    ❑ p. 65, *Qu'est-ce que le droit d'auteur ?*
    ❑ p. 67, *En faveur du téléchargement*

> *En cours de lecture, surlignez les arguments pour ou contre le téléchargement.*

❑ 2. Pour vérifier votre compréhension des textes, faites les activités *La protection du droit d'auteur* et *Les aspects positifs,* aux pages 69 et 70.

❑ 3. Lisez le texte des pages 71 et 72.
    ❑ p. 71, *Contre le téléchargement*

❑ 4. Pour vérifier votre compréhension du texte, faites l'activité *Les irritants,* aux pages 73 et 74.

❑ 5. Afin de démontrer les liens entre les différentes idées qui circulent sur le téléchargement, faites l'activité *Place à l'organisation !,* aux pages 75 et 76.

❑ 6. Dans le but de vous préparer à une délibération, faites l'activité *Place à la délibération !,* aux pages 77 et 78.

> *Voir la Boîte à outils, à la page 207.*

❑ 7. Pour faire le bilan du dossier, faites l'activité des pages 79 et 80.

Éléments du programme travaillés

Compétence disciplinaire 1 :
Réfléchir sur des questions éthiques.

Thème :
La liberté ; l'ordre social.

Contenu :
Des limites à la liberté ; des groupes, des institutions et des organisations ; des formes d'obéissance et de désobéis-sance à la loi ; la transformation des valeurs et des normes.

Compétence disciplinaire 3 :
Pratiquer le dialogue.

Forme du dialogue :
Délibération.

Moyen pour élaborer un point de vue :
Synthèse.

Moyen pour interroger un point de vue :
Types de jugements ; procédés susceptibles d'entraver le dialogue.

Domaine général de formation :
Médias.

Compétences transversales :
2. Résoudre des problèmes.
6. Exploiter les technologies de l'informa-tion et de la communication.

Qu'est-ce que le droit d'auteur?

La Loi sur le droit d'auteur fait en sorte qu'on ne peut pas utiliser une œuvre sans permission. Il est défendu de télécharger une œuvre : soit un film, un album ou un roman, à partir d'un site non autorisé. Il est également défendu de faire des copies de cette œuvre dans le but d'en faire le commerce ou de la transformer de quelque façon que ce soit.

Pour en savoir plus sur le droit d'auteur, consultez le compagnon Web *Vivre ensemble*: **www.erpi.com/vivreensemble.cw**

À qui de droit

Toute œuvre, qu'il s'agisse d'un film, d'un disque, d'une photo ou d'un livre, est la propriété exclusive de la personne qui l'a créée. Cette œuvre est protégée par le droit d'auteur. La seule personne qui peut exploiter une œuvre est donc le créateur ou la créatrice de cette œuvre, que ce soit la personne elle-même ou en association avec des producteurs, comme des éditeurs, des entrepreneurs ou des gérants.

Par exemple, un artiste qui écrit une chanson a des droits sur cette œuvre. L'artiste qui a créé l'œuvre détient l'exclusivité d'exploitation de cette œuvre. Cela signifie qu'il lui est possible de négocier une entente avec d'autres personnes, et de partager les recettes de la vente de son œuvre.

La personne qui crée une œuvre détient également un droit moral sur son œuvre. Le droit moral est celui de faire respecter une œuvre, par exemple, d'en faire interdire la modification.

5.6

La Loi sur le droit d'auteur devrait-elle être modifiée ?

Dossier 5 • Le téléchargement : vol ou partage ?

Progrès technologique oblige !

Récemment, à cause de l'évolution des technologies numériques, il a fallu repenser le concept de droit d'auteur. En 1998, les États-Unis ont adopté une nouvelle loi, la loi sur le droit d'auteur à l'ère numérique. Cette loi rend illégal le téléchargement de musique non autorisé. Elle vise à établir une norme concernant la propriété intellectuelle adaptée à l'ère numérique.

Par propriété intellectuelle, on entend les créations de l'esprit : les inventions, les œuvres littéraires et artistiques, bien sûr, mais aussi les symboles, les noms, les images et les dessins et modèles dont il est fait usage dans le commerce.

Au Canada, la Loi sur le droit d'auteur demeure floue sur le droit d'auteur à l'ère numérique. Un document de consultation sur ce sujet a vu le jour en 2001. Ce document visait à amorcer la réflexion autour d'une réforme de la loi. La réforme envisagée devrait s'effectuer sans nuire à la diffusion de contenus numériques en ligne. Annoncé pour la fin de 2007, le projet de mise à jour de la Loi sur le droit d'auteur était toujours à l'étude à l'hiver 2008.

> Pour en savoir plus sur la Convention de Berne, consultez le compagnon Web *Vivre ensemble* :
> **www.erpi.com/vivreensemble.cw**

L'origine de la Loi sur le droit d'auteur

C'est en Angleterre, le 10 avril 1710, que la première grande loi reconnaissant le droit d'auteur a été adoptée. Cette loi attribuait aux auteurs un droit exclusif de reproduction de leur œuvre.

Ce n'est cependant qu'en 1886, à Berne, en Suisse, que le droit d'auteur a obtenu une reconnaissance internationale, avec la Convention de Berne. Cette Convention établit les fondements de la protection internationale des œuvres littéraires et artistiques. Par exemple, elle permet à une auteure étrangère ou à un auteur étranger de se prévaloir des droits en vigueur dans le pays où son œuvre est représentée.

5.7 Le palais fédéral de Berne, en Suisse.

Plus de 160 pays se sont engagés à faire appliquer le droit d'auteur selon des règles communes pour la protection des œuvres littéraires et artistiques. Signée le 9 septembre 1886 à Berne, la Convention a été révisée plusieurs fois au fil des ans. Le Canada y a adhéré en 1928.

En faveur du téléchargement

Internet a grandement contribué à éliminer les barrières et à diffuser les contenus culturels dans le monde entier. De nombreux artistes ont tiré profit de cette fenêtre sur le monde en diffusant leur œuvre sans passer par une maison de disques, une maison d'édition ou un studio de cinéma. Ils ont donc accédé facilement, rapidement et à peu de frais à un plus grand marché : le marché planétaire des amateurs branchés.

Pour en savoir plus sur le téléchargement, consultez le compagnon Web *Vivre ensemble* : **www.erpi.com/vivreensemble.cw**

Jeunes et perspicaces !

Pour certains créateurs débutants, Internet est une vitrine qui permet de présenter des chansons, des romans ou des courts métrages à un public potentiel. Ce public, s'il aime ce qu'il a découvert, voudra peut-être ensuite acheter un billet de spectacle, un t-shirt ou un DVD. En 2007, le groupe québécois Misteur Valaire a offert gratuitement les chansons de son deuxième album dans son site Internet. Les visiteurs pouvaient faire un don pour encourager les musiciens. Conçue comme une stratégie promotionnelle, l'initiative de Misteur Valaire a attiré l'attention des médias et des amateurs de musique.

5.8

Misteur Valaire, un groupe de musique électronique. Les membres du groupe utilisent aussi des instruments de musique traditionnels.

Un avant-goût bien apprécié

Pour d'autres artistes dont la carrière est bien lancée, créer et diffuser leurs œuvres dans Internet rime avec autonomie. Ils peuvent lancer un nouvel album sans signer de contrat avec une maison de disques. Ils sont libres de procéder à leur manière.

À l'automne 2007, le groupe de rock alternatif Radiohead a lancé l'album *In Rainbows* dans Internet. Les populaires musiciens anglais ont invité les internautes à payer ce qu'ils voulaient pour obtenir la musique. Une bonne partie des gens qui l'ont téléchargée n'ont rien payé du tout. Peu de temps après, Radiohead a signé une entente pour distribuer l'album en magasin. Celui-ci s'est écoulé à plusieurs milliers d'exemplaires même s'il avait déjà été entendu dans Internet.

5.9

Radiohead, un groupe anglais composé de cinq membres. Ces musiciens se sont fait connaître au début des années 1990.

5.10

L'écrivain Paulo Coelho (1947-). À ce jour, il a vendu 43 millions de livres, publiés dans 55 langues et dans 140 pays.

Un brillant homme d'affaires

Depuis qu'il a décidé de laisser circuler son roman *L'alchimiste,* un best-seller mondial, dans Internet, Paulo Coelho a vu ses ventes augmenter. Selon l'écrivain brésilien, les lecteurs devraient avoir le droit de feuilleter un livre pour savoir s'ils veulent l'acheter ou non. Son site Internet met à la disposition des internautes des traductions de *L'alchimiste* dans plusieurs langues.

La protection du droit d'auteur

pages 65 et 66

1. Vous avez vu que la propriété d'une œuvre revient à son créateur ou à sa créatrice. Cette personne est-elle la seule à être pénalisée par le téléchargement illégal, qu'il s'agisse d'un film, d'un disque ou d'un livre ? Expliquez votre réponse.

_____

_____

_____

2. a) Que pensez-vous du fait qu'il existe une loi sur le droit d'auteur ?

_____

_____

_____

b) Sur quelles valeurs repose votre réponse ?

_____

_____

3. Selon vous, la question du droit d'auteur à l'ère numérique est-elle une urgence ?

_____

_____

_____

4. Lisez la situation suivante. Ensuite, répondez franchement : quelle serait votre réaction si Arnaud était votre frère ?

Yannick arrive de l'école. Comme à l'habitude, il court vers la chambre de son grand frère pour lui raconter sa journée. Arnaud y est. Il travaille à l'ordinateur.

— Salut petit frère, dit Arnaud. Tu arrives juste à temps. Je viens de télécharger trois chansons de mon groupe préféré. C'est ma copine Élizabeth qui m'a montré comment faire. Ce n'est pas légal, mais j'économise de l'argent. C'est magnifique Internet !

_____

_____

5. Selon vous, que faudrait-il faire pour que les créateurs soient mieux protégés ?

_____

_____

_____

Les aspects positifs

pages 67 et 68

1. Pour des créateurs débutants, on dit qu'Internet représente une « vitrine » ou une « fenêtre sur le monde ». Dans vos mots, expliquez ce que cela veut dire.

   _____

   _____

   _____

   _____

2. Dites si les énoncés suivants sont vrais ou faux.

	V	F
a) Le groupe Misteur Valaire a trouvé une façon originale pour attirer l'attention des médias et des amateurs de musique.	❑	❑
b) Le groupe Radiohead a lancé un album dans Internet et invité les internautes à payer ce qu'ils voulaient.	❑	❑
c) L'auteur du roman *L'alchimiste,* le Brésilien Paulo Coelho, ne vend plus de livres depuis qu'on peut se procurer son roman dans Internet.	❑	❑

3. Mettez-vous dans la peau d'un ou d'une artiste.

   a) Cochez l'œuvre qui serait le fruit de votre création.

   ❑ La mise en scène d'un vidéoclip.

   ❑ Une sculpture.

   ❑ Les plans d'un futur centre d'entraînement.

   ❑ La traduction d'une pièce de théâtre anglaise.

   ❑ Un recueil de nouvelles.

   ❑ Une exposition de photographie.

   ❑ Un programme informatique de traduction.

   ❑ Une chorégraphie de danse moderne présentée lors d'un événement culturel en plein air.

   b) Proposez deux manières originales de faire la promotion de votre œuvre en utilisant Internet.

   1. _____

      _____

   2. _____

      _____

Contre le téléchargement

Comment prévenir le piratage?

La libre circulation d'œuvres culturelles dans Internet ne fait pas le bonheur de tout le monde.

On entend de plus en plus souvent des slogans tels que «Télécharger, c'est voler». Pour bon nombre de créateurs, le piratage numérique est une activité criminelle contre laquelle il faut lutter. Chaque fois que des internautes téléchargent une chanson ou un vidéoclip sans passer par un site légal, des créateurs, des artisans et des entrepreneurs ne sont pas rémunérés pour leur travail.

De l'avis de plusieurs, télécharger de la musique ou un film sans permission, c'est un vol, au même titre que voler une voiture ou dévaliser un dépanneur. Il s'agit d'un crime contre la propriété intellectuelle. Un crime qu'il faut prévenir ou punir.

5.11

Les livres. L'industrie du livre a aussi dû se pencher sur le phénomène de la copie et du piratage. Aujourd'hui, en plus de pouvoir se procurer des copies numériques de livres, on peut télécharger des parties ou des livres entiers dans certains sites.

Piratage numérique:

En avant la musique!

Certains organismes soutiennent qu'il faut commencer par sensibiliser les internautes à la valeur de la musique. Au Québec, c'est le cas de l'Association québécoise de l'industrie du disque, du spectacle et de la vidéo (ADISQ), qui se consacre au développement de l'industrie de la musique. En 2004, l'ADISQ lançait la campagne «Quand on aime la musique pour de vrai, la copie, non merci» pour attirer l'attention sur l'aspect négatif du téléchargement illégal.

Depuis, cette campagne revient une fois par année. La stratégie de l'ADISQ: offrir une compilation gratuite, créée pour l'occasion et composée de chansons d'artistes de la relève, à chaque personne qui achète un album québécois en magasin ou en ligne, dans des sites de téléchargement légal.

5.12

Ariane Moffatt (1979-). Auteure-compositeure-interprète, Ariane Moffatt a remporté plusieurs trophées Félix pour la qualité de sa musique. Elle a participé à la campagne publicitaire de l'ADISQ contre le téléchargement illégal.

Au Canada

La Gendarmerie royale du Canada (GRC), qui est le service de police national du pays, s'implique elle aussi dans la lutte contre le téléchargement illégal. Selon des représentants de la GRC, la chasse aux internautes piratant de la musique n'est pas facile. À tous les jours apparaissent de nouveaux services et de nouvelles technologies favorisant le téléchargement illégal de musique. La GRC a accusé formellement un Montréalais, en janvier 2008, d'avoir distribué dans Internet deux films qu'il avait copiés avec son caméscope dans une salle de cinéma.

5.13

Les clubs vidéo subissent aussi les contrecoups du téléchargement illégal. Et les DVD sont souvent loués une fois, mais copiés plusieurs fois, ce qui cause une baisse considérable des locations de DVD.

Ailleurs dans le monde

Denis Olivennes, directeur général délégué et directeur de la publication de l'hebdomadaire français le Nouvel Observateur, a remis au ministre de la Culture de son pays, en 2007, un rapport sur la lutte contre le piratage dans Internet. Le rapport Olivennes n'a pas convaincu le gouvernement français de modifier sa loi.

Basée en Angleterre, une compagnie se spécialise dans la chasse aux pirates. Ses employés naviguent dans Internet à la recherche de sites qui diffusent du contenu illégalement. Parmi les clients de cette entreprise, on remarque le musicien américain Prince, qui voudrait faire interdire la diffusion dans Internet de ses spectacles enregistrés sans autorisation.

Aux États-Unis, la lutte contre le piratage a fait couler beaucoup d'encre en 2007 : le téléchargement illégal de fichiers numériques a donné lieu à un premier procès. Voir l'histoire de Jammie Thomas, racontée à la page 62.

5.14

Denis Olivennes (1960-).

Les irritants

1. La libre circulation d'œuvres culturelles dans Internet ne fait pas le bonheur de tout le monde. Donnez-en la principale raison.

    _____

    _____

2. Relevez, dans le tableau suivant, les actions entreprises au Québec, en France, en Angleterre et aux États-Unis pour lutter contre le piratage.

Au Québec	
En France	
En Angleterre	
Aux États-Unis	

3. Souvenez-vous du slogan qu'a créé l'ADISQ pour sa campagne contre le téléchargement illégal : « Quand on aime la musique pour de vrai, la copie, non merci. »

    a) Cochez le type de jugement auquel correspond cet énoncé.

    ❏ Un jugement de préférence.

    ❏ Un jugement de prescription.

    ❏ Un jugement de réalité.

    ❏ Un jugement de valeur.

    Voir la Boîte à outils, à la page 212.

    b) Expliquez votre réponse.

    _____

    _____

    _____

    _____

4. De quel piège susceptible de nuire au dialogue s'agit-il ? Cochez la bonne réponse.

Voir la Boîte à outils, aux pages 213 à 216.

Fred : « Tous les gars l'ont téléchargé sur le site.
Tu peux bien le faire toi aussi ! »

❏ L'appel au clan.

❏ La pente fatale.

❏ La généralisation abusive.

Rosalie : « Attends avant d'acheter le CD de Jessica Nadon. Toutes les chansons de nos artistes préférés seront bientôt disponibles dans Internet. »

❏ Le faux dilemme.

❏ L'appel à la popularité.

❏ La généralisation abusive.

Solveig : « Le téléchargement illégal enlève tellement de revenus aux créateurs que bientôt plus personne ne voudra écrire des chansons ou des livres. »

❏ L'appel au clan.

❏ La pente fatale.

❏ La double faute.

5. Imaginez que vous faites partie d'un groupe qui veut contrer le téléchargement illégal.

a) Cochez le type de téléchargement auquel vous vous opposez.

❏ La diffusion d'un vidéoclip dans Internet, enregistré illégalement.

❏ Le piratage de musique.

❏ La vente de copies d'un logiciel informatique obtenu illégalement dans Internet.

b) Proposez deux manières originales de faire une campagne promotionnelle contre le téléchargement.

1. _____

_____

_____

_____

2. _____

_____

_____

Place à l'organisation !

pages 67, 68, 71 et 72

Pour faire la synthèse des informations recueillies dans les textes *En faveur du téléchargement,* aux pages 67 et 68, et *Contre le téléchargement,* aux pages 71 et 72, créez deux cartes d'organisation des idées.

Voir la Boîte à outils, à la page 210.

1. Imaginez un symbole qui représente les mots ou les idées ci-dessous.

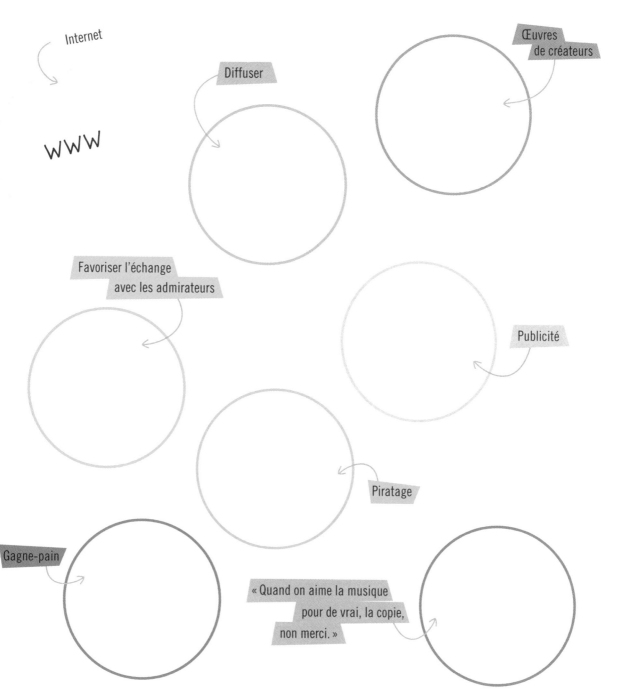

Internet

Diffuser

Œuvres de créateurs

WWW

Favoriser l'échange avec les admirateurs

Publicité

Piratage

Gagne-pain

« Quand on aime la musique pour de vrai, la copie, non merci. »

2. Créez une carte d'organisation des idées qui illustre la position des personnes qui sont en faveur du téléchargement. Utilisez les symboles que vous avez imaginés à la page précédente. Assurez-vous de montrer clairement le lien entre les idées.

Pour le téléchargement

3. Créez une carte d'organisation des idées qui illustre la position des gens qui sont contre le téléchargement. Utilisez les symboles que vous avez imaginés à la page précédente. Assurez-vous de montrer clairement le lien entre les idées.

Contre le téléchargement

Place à la délibération !

1. Revenez au texte *L'affaire Jammie Thomas,* à la page 62. Si un tel cas se présentait dans votre ville et que vous étiez membre du jury, quelle serait votre position ?

   ❏ Vous innocenteriez la personne accusée.

   ❏ Vous suggéreriez une peine minimale.
   Précisez : _____

   ❏ Vous proposeriez une peine semblable à celle donnée à Mme Thomas.

   ❏ Vous proposeriez une peine plus sévère.
   Précisez : _____

   ❏ Vous proposeriez une autre peine.
   Précisez : _____

2. Vous avez choisi votre position. Maintenant, élaborez votre point de vue.

   a) Donnez trois arguments pour soutenir votre point de vue. Chacun des arguments doit être en lien avec les textes lus dans ce dossier : *Qu'est-ce que le droit d'auteur ?, En faveur du téléchargement* et *Contre le téléchargement*.

   b) Pour chacun des arguments donnés, formulez une objection qui pourrait être apportée par quelqu'un qui ne serait pas d'accord avec vous.

   c) Reformulez votre argument de façon à neutraliser cette objection.

Argument 1
Objection prévue :
Reformulation de l'argument :

Argument 2

Objection prévue :

Reformulation de l'argument :

Argument 3

Objection prévue :

Reformulation de l'argument :

Bilan du dossier 5

Dans ce dossier, vous avez pris conscience de l'importance du phénomène du téléchargement, au Québec et ailleurs dans le monde. Vous avez vu qu'il existe une loi (norme) qui protège la propriété intellectuelle. À l'ère numérique, cette loi se précise pour mieux répondre aux besoins de la société actuelle, de manière à s'adapter aux progrès technologiques. Vous avez aussi pris conscience que la liberté est une valeur qui soulève de nombreuses questions.

1. Nommez des individus ou des groupes québécois qui se prononcent sur la question du téléchargement au Québec et donnez un exemple d'un geste qu'ils ont posé.

Individu ou groupe qui se prononce sur le téléchargement	Exemple d'un geste posé

2. Après avoir lu les textes des pages 65 et 66, croyez-vous que les humains sont libres de faire ce qu'ils veulent du contenu trouvé dans Internet ? Expliquez votre réponse.

_____

_____

_____

_____

_____

3. Parmi les repères suivants, lesquels avez-vous utilisés pour formuler vos trois arguments aux pages 77 et 78 ?

❏ La stratégie de Radiohead.

❏ La Loi sur le droit d'auteur.

❏ Le point de vue de l'ADISQ.

❏ L'exemple de Misteur Valaire.

❏ Autre (précisez) : _____

4. a) Cochez les éléments dont vous avez tenu compte en vous préparant à la délibération.

☐ Cerner le but poursuivi.

☐ Délimiter le sujet.

☐ Mettre de l'ordre dans vos idées.

☐ Autre (précisez) : _____

b) Expliquez pourquoi vous avez prêté une attention particulière à ces éléments.

_____

_____

_____

5. Relisez votre réponse à la question n° 4 de la page 63 et votre choix à la question n° 1, de la page 77. Votre point de vue sur l'affaire Jammie Thomas a-t-il changé ?

_____

6. Est-ce que le contenu du dossier influencera votre façon utiliser les technologies de l'information en ce qui concerne le respect de la propriété intellectuelle ? Expliquez votre réponse.

_____

_____

_____

_____

7. Avez-vous trouvé une réponse à la question que vous vous posiez avant de lire le dossier (question n° 6, à la page 63) ? Expliquez votre réponse.

_____

_____

_____

_____

5.15

Des moines tibétains rivés à leur écran d'ordinateur. Grâce à Internet, l'information circule partout dans le monde.

Rites, règles et récits de la création

Préparation

Les récits, les rites et les règles sont des éléments importants des traditions religieuses. Les rites et les règles tirent souvent leur origine des récits.

Connaissez-vous les traditions religieuses, les rites et les règles ci-dessous ? Complétez les phrases à l'aide des mots de la liste. Au besoin, aidez-vous de la Boîte à outils ; consultez les pages 178 à 193.

6.1

Dans la tradition _____,
les fidèles participent à l'eucharistie en communiant.

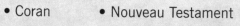

- Coran
- Nouveau Testament
- Bible
- catholique
- juive
- musulmane

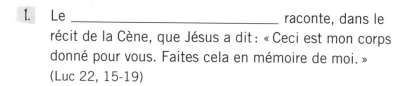

1. Le _____ raconte, dans le récit de la Cène, que Jésus a dit : « Ceci est mon corps donné pour vous. Faites cela en mémoire de moi. » (Luc 22, 15-19)

6.2

Dans la tradition _____,
le *Seder* est un repas spécial. Il est ponctué d'hymnes et de lecture de textes de la Torah ; les aliments consommés rappellent l'Exode des Hébreux.

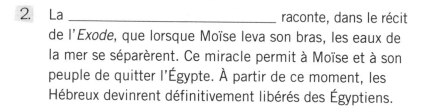

2. La _____ raconte, dans le récit de l'*Exode*, que lorsque Moïse leva son bras, les eaux de la mer se séparèrent. Ce miracle permit à Moïse et à son peuple de quitter l'Égypte. À partir de ce moment, les Hébreux devinrent définitivement libérés des Égyptiens.

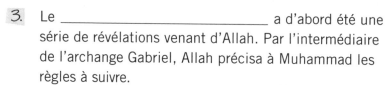

3. Le _____ a d'abord été une série de révélations venant d'Allah. Par l'intermédiaire de l'archange Gabriel, Allah précisa à Muhammad les règles à suivre.

Voir la solution à la page 83.

6.3

Dans la tradition _____,
la prière comporte des règles bien définies. Chaque geste a une signification.

Savez-vous pourquoi:

- le dimanche est synonyme de jour de repos dans notre société?

- les étudiants qui appartiennent à la tradition juive refusent de se présenter à un examen le samedi?

Où pensez-vous trouver les réponses à ces questions? Dans les journaux, à l'école, au cinéma?

Les réponses se trouvent dans les récits de création. Les traditions religieuses présentent leur propre histoire de la création du monde. Ces récits racontent le mystère de la formation de l'univers à l'aide de nombreux symboles. Certains rites et certaines règles des traditions religieuses rappellent ces récits.

6.4

Xavier Nogués (1873-1941), *Dimanche après-midi,* **1923.** Cette œuvre traduit bien l'atmosphère du dimanche, jour de repos.

Questions de réflexion

1. À la page 81, vous avez vu des récits, des rites et des règles reliés à des traditions religieuses.
   a) Connaissez-vous d'autres rites et règles des traditions religieuses ? Donnez des exemples et indiquez la tradition à laquelle appartiennent ces rites ou ces règles.

   _____

   _____

   b) De quel récit proviennent ces rites ou ces règles ?

   _____

2. Êtes-vous d'accord pour dire que le dimanche est un jour de repos dans notre société ? Expliquez votre réponse en donnant des exemples.

   _____

   _____

   _____

3. Pourquoi, selon vous les étudiants juifs refusent-ils de se présenter à un examen le samedi ?

   _____

   _____

   _____

4. Connaissez-vous des récits de création ? Si oui, lesquels ?

   _____

   _____

5. Connaissez-vous des rites et des règles en lien avec les récits de création ? Si oui, lesquels ?

   _____

   _____

6. Notez une question que soulève chez vous la lecture des pages 81 et 82.

   _____

   _____

   _____

Solution de la page 81 : 1. Nouveau Testament ; 2. Bible ; 3. Coran ; 6.1 : catholique ; 6.2 : juive ; 6.3 : musulmane.

ACTION !

Dans le but de prendre connaissance des rites et des règles inspirés par les récits de création dans les traditions religieuses et les spiritualités des peuples autochtones :

❑ 1. Lisez le texte *La Genèse,* aux pages 85 et 86.

❑ 2. Pour vérifier votre compréhension, faites l'activité *Mieux comprendre la Genèse,* à la page 91.

❑ 3. Afin de vous familiariser avec les récits de création d'un peuple autochtone du Québec et d'Afrique, lisez les textes *La terre-mère chez les Hurons-Wendats* et *Le récit yoruba de la création,* aux pages 87 à 90

❑ 4. Pour vérifier votre compréhension, faites les activités des pages 92 et 93.
  ❑ p. 92, *Le récit de création des Hurons-Wendats*
  ❑ p. 93, *Le récit de création des Yorubas*

❑ 5. Pour approfondir vos connaissances des récits de création, amusez-vous et faites l'activité *Méli-mélo,* à la page 94.

❑ 6. Prêtez-vous au jeu : préparez-vous à une entrevue, comme si vous étiez spécialiste des récits, des rites et des règles. Faites l'activité *Une règle catholique,* aux pages 95 et 96.

❑ 7. Pour faire le bilan du dossier 6, faites l'activité des pages 97 et 98.

> *En cours de lecture, surlignez les mots qui vous semblent importants au sujet des rites et des règles dans les récits de création.*

atelier du **dialogue**

Une entrevue est la rencontre concertée de deux ou plusieurs personnes pour en interroger une sur ses activités, ses idées, ses expériences, etc.

Voir aussi la Boîte à outils, à la page 208.

Éléments du programme travaillés

Compétence disciplinaire 2 :
Manifester une compréhension du phénomène religieux.

Thème :
Des éléments fondamentaux des traditions religieuses.

Contenu :
Des récits, des rites, des règles.

Compétence disciplinaire 3 :
Pratiquer le dialogue.

Forme du dialogue :
Entrevue.

Moyen pour élaborer un point de vue :
Explication.

Moyen pour interroger un point de vue :
Types de jugements.

Domaine général de formation :
Vivre-ensemble et citoyenneté.

Compétences transversales :
5. Se donner des méthodes de travail efficaces.
9. Communiquer de façon appropriée.

La Genèse

La Genèse est une partie de la Bible, appelée «livre». Pour les chrétiens et les juifs, ce livre de la Bible est important car il raconte la création du monde. Selon ces écrits, Dieu créa le monde en six jours. Le septième jour, il se reposa.

Au commencement, Dieu créa le ciel et la terre. La terre était déserte et vide, et les ténèbres à la surface de l'abîme ; le souffle de Dieu planait à la surface des eaux, et Dieu dit : « Que la lumière soit ! » Et la lumière fut. Dieu vit que la lumière était
5 bonne. Dieu sépara la lumière de la ténèbre. Dieu appela la lumière «jour» et les ténèbres, il l'appela «nuit». Il y eut un soir, il y eut un matin : premier jour.

Au deuxième jour, Dieu souhaita distinguer le <u>firmament</u> des eaux. Ce qu'il fit. Il nomma le firmament «ciel» et le sépara
10 des eaux.

Un soir et un matin plus tard, Dieu ordonna la création du continent et de la mer. Il formula un autre souhait : « Que la Terre se couvre de verdure, d'herbe et d'arbres fruitiers. » La Terre fut garnie de plantes herbacées et d'arbres. Cette réussite termina
15 le troisième jour.

Le quatrième jour se leva. Dieu donna une place dans le ciel au Soleil, à la Lune et aux étoiles. Ces astres servent à illuminer la Terre. Le quatrième jour se coucha.

Ce fut au cinquième jour de briller avec la création
20 d'animaux dans la mer et d'oiseaux dans le ciel. Dieu souhaita que les poissons et les oiseaux en tout genre soient <u>féconds</u> et <u>prolifiques</u>. Ce qui fut.

Le sixième jour, cette fois, Dieu remplit la Terre d'animaux, petits et gros. Il créa aussi les êtres humains à son image : un
25 homme et une femme. Ils se nourrirent de fruits, d'animaux, de poissons et se reproduisirent, tel que Dieu le leur avait demandé.

Au septième jour, Dieu regarda son œuvre. Il consacra cette journée au repos.

Source : inspiré de *La Bible,* Gn 1, 1, 2, 1-3, Traduction œcuménique de la Bible (TOB), Montréal, Société biblique canadienne, 2004, p. 22.

Dossier 6 • Rites, règles et récits de la création

Le *shabbat,* chez les juifs

Dans la tradition juive, le terme *shabbat* est le nom du septième jour de la semaine : le samedi. Ce mot vient du verbe hébreu *shavat,* qui signifie « cesser ». Ce jour est consacré au repos, à la prière et à l'étude. Le *shabbat* commence le vendredi, au coucher du soleil, et se termine le samedi, au coucher du soleil. Le *shabbat* est un rite célébré en famille et comporte plusieurs interdits, comme ne pas utiliser l'électricité, ne rien fabriquer, ne pas utiliser la voiture. Cette journée rappelle que Dieu créa le monde en six jours et que le septième, il se reposa.

6.5

Le congé sabbatique

L'expression « congé sabbatique » découle du mot *shabbat.* C'est un congé prolongé accordé à certains travailleurs au cours de leur carrière. Les objectifs d'un tel congé sont variés : étudier, voyager, écrire, réfléchir.

Le dimanche, chez les catholiques

La tradition catholique a puisé l'idée d'un jour de repos dans le récit de la création qui se trouve dans la Genèse. Historiquement, Jésus et ses disciples, qui étaient des juifs, observaient le repos du 7e jour, le samedi, comme la tradition juive le voulait. Après la mort et la résurrection de Jésus, ceux qui se sont convertis à la foi chrétienne, exclus des synagogues le samedi, ont reporté au dimanche leur jour de repos et de prière. Le dimanche est, selon la tradition chrétienne, le jour où Jésus serait ressuscité.

Dans notre société, marquée par l'influence du christianisme, le dimanche est donc jour de repos : beaucoup de gens, élèves comme travailleurs, sont en congé. Cela rappelle que Dieu a créé le monde en six jours et qu'ensuite, il se reposa.

Pour en savoir plus sur le catholicisme et le judaïsme, consultez le compagnon Web *Vivre ensemble* :
www.erpi.com/vivreensemble.cw

Consultez aussi la Boîte à outils, aux pages 178 à 181 et 186 à 189.

6.6 **Michel-Ange (1475-1564),** *Création d'Adam.* Détail d'une fresque peinte sur la voûte de la chapelle Sixtine, au Vatican (1508-1512). Dieu, à droite, donne la vie à Adam.

La terre-mère
chez les Hurons-Wendats

Les Hurons-Wendats sont un des peuples autochtones du Québec. Leur vie est étroitement liée à leur milieu naturel. Ils éprouvent un immense respect pour la Terre, qu'ils appellent « terre-mère ». Pour les Hurons-Wendats, la terre-mère a été créée par une femme du nom d'Aataentsic. Le récit suivant, d'origine huronne-wendate, raconte la création du monde.

Pour en savoir plus sur les spiritualités des peuples autochtones, consultez le compagnon Web *Vivre ensemble* :

www.erpi.com/vivreensemble.cw

Consultez aussi la Boîte à outils, aux pages 202 à 204.

La création du monde

« À l'origine, le monde était une vaste étendue d'eau et un peuple habitait au ciel. Un jour, un morceau de firmament s'effondra, entraînant dans sa chute une jeune fille. Heureusement,
5 deux oies lui portèrent secours et l'accueillirent dans leurs plumes. Puis elles la déposèrent sur la carapace d'une Grande Tortue autour de laquelle étaient réunis les animaux.

À tour de rôle, la loutre, le rat musqué et
10 le castor essayèrent en vain de rapporter du fond de l'eau un peu de terre afin de former une grande île. C'est finalement le crapaud femelle qui réussit. Avec la terre, il recouvrit le dos de la tortue et créa le monde tel qu'on le
15 connaît aujourd'hui. Aidée de l'arc-en-ciel, une Petite Tortue monta ensuite au ciel et rassembla des éclairs pour former le Soleil et la Lune qui éclairèrent le monde. »

Source: Roland ARPIN, *Rencontre de deux mondes,* Musée de la civilisation de Québec, Sainte-Foy, Communications Science-Impact, 1992, p. 60.

6.7
Une illustration de la création du monde, selon les Hurons-Wendats.

6.8

Les explorateurs français ont appelé certains peuples autochtones « Hurons » à cause de leur coiffure : la coiffure des guerriers et certaines parures de cheveux rappelaient aux explorateurs les sangliers sauvages appelés « hures » en français. Les Hurons, eux, se nommaient « Wendats », qui signifie « gens qui vivent sur le dos d'une tortue géante ». Aujourd'hui, les descendants des Wendats s'appellent les Hurons-Wendats.

Dossier 6 · Rites, règles et récits de la création

Un rite en l'honneur de la terre-mère

Pour la communauté huronne-wendate, le tambour est un élément sacré. Il représente le cœur de la terre-mère. Cet instrument de musique permet aux Hurons-Wendats de créer des liens entre le monde matériel et le monde spirituel. Les Hurons-Wendats jouent du tambour lors des cérémonies. Pendant les cérémonies, un cercle se forme autour du tambour et les chants débutent. Ces chants parlent de l'histoire des Hurons-Wendats, de leur territoire, de leurs victoires et de leurs souvenirs douloureux. Les Hurons-Wendats chantent des chants répétitifs : les mots et les notes sont répétés plus ou moins vite, selon les circonstances. Chaque son qui émane du tambour rappelle le battement de cœur de la terre-mère. Le son du tambour procure aux Hurons-Wendat un sentiment de bien-être : ils se sentent en communion avec la terre-mère et avec leurs ancêtres. Les cérémonies favorisent l'intériorité, l'amour de la nation, la sérénité et la sagesse. Elles rappellent aussi l'origine du monde, formé sur le dos de la Grande Tortue.

6.9 **Au centre : un tambour-chef sacré.** En provenance des régions de l'ouest de l'Amérique du Nord, le tambour-chef sacré est utilisé au Québec depuis une vingtaine d'années, par certains groupes, lors de spectacles. Les bancs qui l'entourent permettent aux musiciens de s'asseoir pour jouer de cet instrument.

6.10 **Aataentsic, créatrice du monde, selon les Hurons-Wendats.** En 2003, les Mosaïcultures de Montréal présentaient, dans le cadre de son concours de sculptures florales, des œuvres inspirées du thème « Mythes et légendes du monde ».

Le récit yoruba de la création

Les Yorubas

Le mot «yoruba» désigne une tribu africaine. Des millions de Yorubas habitent le sud du Nigeria, de la République populaire du Bénin et du Togo. Au Nigeria, les Yorubas constituent l'ethnie dominante. En République populaire du Bénin et au Togo, ils sont minoritaires. Plus de la moitié d'entre eux sont chrétiens, environ le quart sont musulmans et le reste respectent des croyances traditionnelles.

Il existe aussi de nombreux groupes et sous-groupes de Yorubas dans le reste de l'Afrique. En Amérique, il y a des Yorubas à Cuba et au Brésil, où leurs ancêtres ont connu l'esclavage.

Mythe :

La création du monde

Dans l'une des nombreuses versions du <u>mythe</u> yoruba de la création du monde, l'Être suprême, Olodumaré, commença par créer sept princes couronnés. Il entreprit ensuite de les faire
5 descendre dans le monde, au bout d'une très longue chaîne. Le monde était alors couvert d'eau et la position des sept princes accrochés à leur chaîne n'était guère confortable. Le plus jeune des princes, Oranyan, prit une noix dans sa <u>besace</u>
10 et la laissa tomber dans l'eau. La noix germa aussitôt, se transformant en un palmier à huile géant à 16 branches. Le feuillage du palmier servit d'abri aux sept princes qui étaient en route vers le monde.

15 ### La création de la Terre

La besace du plus jeune des princes renfermait aussi un peu de sable, quelques morceaux de fer et un coq. De la branche du palmier où il s'était installé, Oranyan versa le contenu de sa besace
20 dans l'eau, ce qui devint le sol. Ensuite, il y posa son coq. Le coq se mit à gratter le sol : devant, derrière, à gauche et à droite. Il forma ainsi la Terre. Oranyan devint propriétaire et chef de toutes les terres du pays yoruba. Ses six frères
25 aînés durent lui demander la permission d'occuper leur royaume respectif.

6.11
Une reine yoruba. Cette sculpture en terre cuite, qui date du 12e ou du 13e siècle, a été découverte sur le site archéologique d'Ita Yemoo, à Ife, au Nigeria. Les Yorubas croient que c'est à Ife que le premier homme est apparu.

La création des hommes

Longtemps après, lorsque l'Être suprême ressentit le désir de créer l'homme, c'est à son fils, le dieu Obatala, qu'il confia cette
30 tâche importante. Ce dernier prit de l'argile, y mélangea de l'eau et modela des figurines aux formes humaines. Olodumaré, l'Être suprême, leur donna le souffle de vie. Il créa ainsi les hommes. Cependant, comme Obatala avait bu du <u>vin de palme</u> un peu plus que de raison, certaines des figurines qu'il avait modelées
35 étaient difformes. Ces figurines devinrent les premiers êtres handicapés, bossus ou estropiés.

Vin de palme :

Une règle chez les Yorubas

Selon cette légende de la création du monde, le dieu Obatala est à jamais responsable de la naissance de bébés mal formés. C'est parce qu'il avait bu trop de vin de palme qu'il a mal modelé des figurines. À cause de cela, dans la tradition religieuse des Yorubas, il est interdit aux adorateurs d'Obatala de boire du vin de palme ou toute autre boisson alcoolisée.

6.12

Une cérémonie yoruba. De nos jours, les Yorubas organisent des cérémonies au cours desquelles les masques sont à l'honneur. Pendant ces cérémonies, ils dansent et chantent, masqués et costumés. Ces cérémonies ont lieu dans le but de résoudre des problèmes sociaux, d'aider à affronter des catastrophes naturelles ou de se divertir. La photo ci-dessus a été prise lors des rencontres des partis politiques du Bénin et du Nigeria, pendant une campagne électorale.

Mieux comprendre la Genèse

pages 85 et 86

1. Quel livre de la Bible raconte la création du monde ?

   _____

2. Selon la Bible, qui a créé le monde ?

   _____

3. Combien de jours furent nécessaires à la création du monde, selon la Genèse ?

   _____

4. Que fit le créateur quand il eut terminé son œuvre ?

   _____

5. Expliquez l'origine du mot « *shabbat* ».

   _____

   _____

6. Dites en quoi consiste le *shabbat*.

   _____

   _____

   _____

7. Donnez trois règles en lien avec le *shabbat*.

   _____

   _____

   _____

8. Pourquoi le dimanche est-il un jour de repos dans la tradition catholique ?

   _____

   _____

   _____

Le récit de création des Hurons–Wendats

pages 87 et 88

1. Selon le récit de création du monde des Hurons-Wendats, qui a créé la terre-mère ?

   _____

2. Quel est le rôle des animaux suivants dans le récit de création du monde
   des Hurons-Wendats ?

   • les deux oies :

   _____

   _____

   • la Grande Tortue :

   _____

   _____

   • la loutre, le rat-musqué, le castor :

   _____

   _____

   • le crapaud femelle :

   _____

   _____

   • la Petite Tortue :

   _____

   _____

3. Que représente le tambour dans la spiritualité huronne-wendate ?

   _____

4. Dans quel but les Hurons-Wendats se servent-ils du tambour ?

   _____

   → Au besoin, consultez la Boîte à outils, à la page 210.

5. Expliquez le rite en l'honneur de la terre-mère chez les Hurons-Wendats.

   _____

   _____

   _____

Le récit des Yorubas

pages 89 et 90

1. Sur quel continent et dans quels pays les Yorubas vivent-ils ?

   _____
   _____
   _____
   _____

2. Dans le récit de création du monde des Yorubas, comment s'appelle le créateur ?

   _____

3. À qui doit-on la création de la Terre ? Quel privilège ce personnage a-t-il obtenu en reconnaissance de cette œuvre ?

   _____
   _____

4. Expliquez le rôle du coq dans le récit de création du monde des Yorubas.

   _____
   _____
   _____

5. À quel dieu le créateur a-t-il fait appel pour créer les humains ?

   _____

6. Comment les humains furent-ils créés ?

   _____
   _____
   _____

7. Quelle règle est tirée du récit de création des Yorubas ?

   _____
   _____

8. Expliquez l'origine de cette règle.

   _____
   _____

Dossier 6 · Rites, règles et récits de la création

Méli-mélo

pages 85 à 90

Complétez les phrases suivantes en utilisant le mot qui convient.

- tortue
- terre-mère
- difformes
- repos
- l'être humain
- l'arc-en-ciel
- Yorubas
- ténèbres
- tambour-chef
- image
- coq
- animaux
- travail
- très longue chaîne

A. Les _____ sont présents en grand nombre dans le récit de la création du monde huron-wendat.

B. Dans la Bible, le septième jour de la création est un jour de _____.

C. Pour les Hurons-Wendats, la _____ a été créée par une femme.

D. Dans le récit des Yorubas, le seul animal qui participe à la création du monde est le _____.

E. Dans la Genèse, Dieu dit : « Faisons l'être humain à notre _____. »

F. La Petite Tortue du récit de création huron-wendat se servit de _____ pour former le Soleil et la Lune.

G. Les sept princes du récit des Yorubas descendaient le long d'une _____.

H. Dans le récit de création biblique et dans celui des Yorubas, _____ est créé après les animaux.

I. Le récit des _____ ne mentionne rien au sujet de la création des astres.

J. Dans le récit des Hurons-Wendats, la carapace d'une _____ est devenue une île.

K. Dans le récit de la Genèse, Dieu appela la lumière « jour » et les_____, il les appela « nuit ».

L. Le Lévitique, un des livres de la Bible, dit : « Pendant six jours on travaillera, mais le septième jour sera jour de repos complet, jour de sainte convocation, où vous ne ferez aucun _____. »

M. Dans le récit de création yoruba, Obatala a modelé des figurines _____.

N. Pour la communauté huronne-wendate, le _____ est un élément sacré. Il représente le cœur de la terre-mère.

Une règle catholique

Les textes ci-dessous présentent un récit extrait du Nouveau Testament et une règle de la tradition religieuse catholique. Dans le but de vous préparer à donner une (entrevue) au sujet des récits et des règles dans les traditions religieuses, prenez connaissance des textes ci-dessous et répondez aux questions de la page suivante.

→ Au besoin, consultez la Boîte à outils, à la page 208.

1. Lisez attentivement le premier texte. Surlignez les mots qui vous semblent importants dans le récit.

2. Lisez le second texte. Surlignez les mots qui sont en lien avec la règle dont il est question.

3. Répondez aux questions de la page suivante.

La résurrection de Jésus-Christ

« Lorsque le *shabbat* fut passé, Marie de Magdala, Marie, mère de Jacques, et Salomé, achetèrent des aromates, afin d'aller embaumer Jésus. Le premier jour de la semaine, elles se rendirent au sépulcre, de grand matin, comme le soleil venait de se lever. Elles disaient entre elles : Qui nous roulera la pierre loin de l'entrée du sépulcre ? Et, levant les yeux, elles aperçurent que la pierre, qui était très grande, avait été roulée. Elles entrèrent dans le sépulcre, virent un jeune homme assis à droite, vêtu d'une robe blanche, et elles furent épouvantées. Il leur dit : « Ne vous épouvantez pas ; vous cherchez Jésus de Nazareth, qui a été crucifié ; il est ressuscité, il n'est point ici ; voici le lieu où on l'avait mis. » »

(Marc, 16, 1-6)

L'obligation de la messe dominicale

L'Église catholique demande aux fidèles de participer à la célébration eucharistique tous les dimanches, afin de commémorer la résurrection de Jésus. En participant à la célébration de l'eucharistie dominicale, les fidèles rappellent la mémoire de Jésus. Les catholiques appellent le dimanche « le jour du Seigneur ».

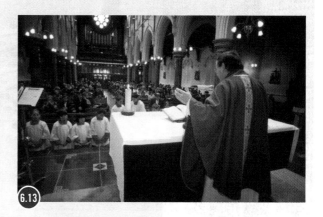

6.13

Dossier 6 · Rites, règles et récits de la création

Fiche de préparation à l'entrevue

Le récit

1. Selon le Nouveau Testament, Marie de Magdala, Marie, mère de Jacques, et Salomé se sont rendues au sépulcre :

dimanche	jeudi
lundi	vendredi
mardi	samedi
mercredi	

2. Expliquez votre réponse.

_____

_____

3. Quelle tradition religieuse observaient-elles ainsi ?

☐ catholicisme ☐ judaïsme

4. Selon le récit que vous avez lu, quelle importante découverte ont-elles faite ?

_____

_____

La règle

5. En quoi consiste la règle en lien avec le récit ?

_____

_____

6. Expliquez le lien entre la règle et le récit.

_____

_____

7. Quelle est la signification de cette règle pour les catholiques ?

_____

_____

8. Pour aider la compréhension, donnez l'exemple de deux autres règles en lien avec un récit.

_____ _____

_____ _____

_____ _____

Vivre ensemble 2

Bilan du dossier 6

Dans ce dossier, vous avez exploré certains aspects des traditions religieuses et des spiritualités des peuples autochtones. Vous avez constaté les liens qui existent entre les récits, les rites et les règles et vous avez vu que ces éléments sont importants.

Vous avez pu observer des expressions du religieux nombreuses et variées comme les récits de création, la Bible, la Genèse, l'œuvre *La Création d'Adam* de Michel-Ange, le tambour des Hurons-Wendats.

1. Remplissez le tableau ci-dessous à l'aide du contenu de ce dossier.

	Le récit	Le rite	La règle
Les juifs			
Les catholiques			
Les Yorubas			
Les Hurons-Wendats			

2. Expliquez les liens qui existent entre les récits, les rites et les règles dans les traditions religieuses et les spiritualités des peuples autochtones.

_____

_____

_____

Dossier 6 • Les récits, les rites et les règles de la création

3. Ce que vous avez vu dans ce dossier a-t-il modifié votre vision des traditions religieuses et des spiritualités des peuples autochtones ? Expliquez votre réponse.

_____

_____

_____

_____

4. Avez-vous trouvé une réponse à la question que vous vous posiez avant de lire le dossier (question n° 6, à la page 83) ? Expliquez votre réponse.

_____

_____

_____

_____

5. Nommez un élément du dossier que vous avez trouvé particulièrement intéressant. Expliquez votre réponse en indiquant comment cela vous aidera à mieux comprendre la société d'aujourd'hui.

_____

_____

_____

_____

_____

atelier du dialogue

Parmi les énoncés suivants, lequel ne contient pas de jugement de préférence ? Cochez la bonne réponse.

Consultez la Boîte à outils, à la page 212.

❏ Annie dit à Myriame : « La chose la plus importante pour moi, c'est d'être avec ma famille pour le *Seder*. »

❏ La mère de Pascale est très fidèle à sa pratique religieuse. « Je préfère assister à la messe du dimanche qu'aller déjeuner au restaurant », a-t-elle affirmé.

❏ Pour la communauté huronne-wendate, le tambour représente le cœur de la terre-mère.

Le bonheur

Préparation

Qu'est-ce que le bonheur ? Voilà une grande question ! Du moins, il n'existe aucune définition universelle du bonheur. Et pourtant, le bonheur intéresse tout le monde. D'ailleurs, les philosophes y réfléchissent depuis longtemps. Le bonheur est associé à toutes sortes de choses : à l'amour, à la nature, à la famille, au silence aussi, à la religion, aux amis ou aux biens matériels.

Blaise Pascal, un des grands penseurs français du 17e siècle, a écrit dans son livre *Pensées*, « Tous les hommes veulent être heureux ; cela est sans exception […] »

Aujourd'hui, c'est le même constat : tout le monde souhaite être heureux, mais personne n'accède au bonheur de la même façon. De quoi dépend donc le bonheur ?

Qui est Platon ?

Platon compte parmi les grands philosophes de la Grèce antique. Comme plusieurs autres penseurs de l'époque, Platon a réfléchi au bonheur. Dans son œuvre *Euthydème*, il pose la question éthique suivante : « N'est-il pas vrai que nous autres, les êtres humains, nous désirons tous être heureux ? » Selon lui, la réponse est tellement évidente, que la question mérite à peine d'être posée.

Platon (environ 428 à 348 avant notre ère).

7.1
Existe-t-il une recette pour être heureux ?

Quelle est la source de leur bonheur?

Le bonheur selon Clara Furey

« Le bonheur. Plus je le cherche, plus il m'échappe. On me dit que vivre, c'est perpétuellement faire des choix. Il m'est apparu facile de faire le choix d'être heureuse. Il me faut travailler pour maintenir ce choix. »

Source : Isabelle CLÉMENT, *Le sens de la vie,* Montréal, Fides, 2006, p. 51.

Pour en savoir plus sur le bénévolat au Québec, consultez le compagnon Web *Vivre ensemble :* www.erpi.com/vivreensemble.cw

7.3 Clara Furey (1983-).

Clara Furey est à la fois danseuse contemporaine, chanteuse, compositrice et actrice. On l'a vue au grand écran dans *Tout près du sol,* un hommage à la danse réalisé par sa mère, Carole Laure.

Le bonheur selon Gilles Kègle

« Quand j'avais quatre ans, une image à l'église captait toute mon attention. C'était celle du bon Samaritain. Cela m'avait touché de voir que quelqu'un s'était arrêté près d'une personne blessée, qu'il l'avait soignée et conduite à l'auberge, tandis que d'autres l'avaient ignorée. J'avais déclaré à ma grand-mère, à l'époque, que c'était ce que je voulais faire. À 24 ans, j'ai commencé à faire du travail de rue. Cela fait 40 ans que je me suis libéré en devenant l'esclave des pauvres. Ma santé, mon cœur, ma vie leur appartiennent. Je n'ai pas pris une journée de congé depuis 20 ans, car je crois à ce que je fais. Récemment, j'ai rencontré un psychiatre qui n'en revenait pas de voir que je travaillais 15 heures par jour. « Tu n'as pas peur qu'à un moment donné...? » Non, car je suis heureux. J'ai trouvé ma mission. C'est de me donner aux autres, de soulager la misère par tous les moyens possibles. »

Source : Isabelle CLÉMENT, *Le sens de la vie,* Montréal, Fides, 2006, p. 58.

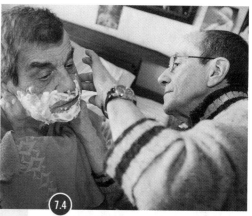

7.4 Gilles Kègle (1942-).

Avec ses bénévoles, **Gilles Kègle,** un infirmier de la rue, vient en aide aux personnes défavorisées de la ville de Québec.

? Questions *de* réflexion

1. Selon vous, qu'est-ce que le bonheur ?

   _____

   _____

   _____

2. De quoi dépend votre bonheur ?

   _____

   _____

   _____

3. Décrivez deux grands moments de bonheur que vous avez vécus.

   • _____

   _____

   • _____

   _____

4. Dans quelle citation de la page précédente vous reconnaissez-vous le plus ?
   Expliquez votre réponse.

   _____

   _____

   _____

5. Selon vous, pourquoi le bonheur est-il, encore aujourd'hui, un concept difficile à définir ?

   _____

   _____

   _____

6. Nommez une personne qui vous semble heureuse. Expliquez votre réponse.

   _____

   _____

   _____

7. Notez une question que soulève chez vous la lecture des pages 99 et 100.

   _____

   _____

Dossier 7 · Le bonheur

★ACTION !

Dans le but de réfléchir au bonheur et aux différents chemins qui y mènent :

❏ 1. Lisez les textes des pages 103 et 104.
  ❏ p. 103, *Le bonheur dans le christianisme*
  ❏ p. 104, *Le bonheur dans le bouddhisme*

❏ 2. Pour vérifier votre compréhension des textes, faites l'activité *Le bonheur et les traditions religieuses*, aux pages 105 et 106. Vous y ferez la narration d'un moment de votre vie.

❏ 3. Lisez les textes des pages 107 et 108.
  ❏ p. 107, *Le bonheur dans les sports extrêmes*

❏ 4. Pour vérifier votre compréhension, faites l'activité *D'un extrême à l'autre*, à la page 109.

❏ 5. Afin de faire la comparaison des sources de bonheur selon les traditions religieuses et dans les sports extrêmes, faites l'activité de la page 110. Vous élaborerez un point de vue en réalisant l'activité *Ma dépendance au bonheur*.

❏ 6. Pour faire le bilan du dossier 7, faites l'activité des pages 111 et 112.

> En cours de lecture, surlignez les mots qui vous semblent importants au sujet du bonheur.

atelier du dialogue

Une narration est un récit détaillé, écrit ou oral, d'une suite de faits et d'événements.

Voir aussi la Boîte à outils, à la page 207.

Éléments du programme travaillés

Compétence disciplinaire 1 :
Réfléchir sur des questions éthiques.

Thème :
L'autonomie.

Contenu :
La dépendance et l'autonomie.

Compétence disciplinaire 2 :
Manifester une compréhension du phénomène religieux.

Thème :
Le patrimoine religieux québécois.

Contenu :
Des influences sur les valeurs et sur les normes.

Compétence disciplinaire 3 :
Pratiquer le dialogue.

Forme du dialogue :
Narration.

Moyen pour élaborer un point de vue :
Comparaison.

Moyen pour interroger un point de vue :
Procédés susceptibles d'entraver le dialogue.

Domaine général de formation :
Santé et bien-être.

Compétences transversales :
1. Exploiter l'information.
3. Exercer son jugement critique.

Le bonheur dans le christianisme

Dans le christianisme, Jésus est un modèle à suivre. Tout au long de sa vie, il a fait du bien autour de lui. Il a fait de nombreux gestes de bonté : partager son pain avec des plus pauvres que lui et pardonner à ceux qui lui ont fait du mal. Par ses paroles et ses actes, il a voulu semer du bonheur. Jusqu'à sa mort, il a tenté de convaincre les gens autour de lui d'en faire autant.

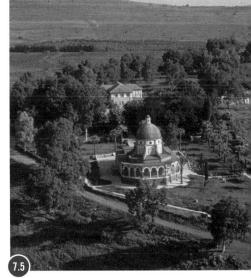

7.5

Le mont des Béatitudes, l'un des hauts lieux du christianisme. Selon le Nouveau Testament, un des livres de la Bible, c'est à cet endroit que Jésus a prononcé son Sermon sur la montagne et choisi ses douze apôtres.

7.6

Julius Schnorr von Carolsfeld (1794-1872), *Le Sermon sur la montagne.* Jésus énumère les béatitudes à ses disciples au cours du Sermon sur la montagne.

Les huit béatitudes

La population était curieuse de la démarche de Jésus et souhaitait savoir comment il faisait pour ressentir autant de bonheur. Il prononça donc un long sermon au cours duquel il dévoila la source de son bonheur : les huit béatitudes. Les huit béatitudes font partie des éléments fondamentaux du christianisme. En fait, elles sont la ligne directrice à suivre pour atteindre le bonheur. Paul, un des apôtres de Jésus, a un jour dit à ses amis : « Il y a plus de bonheur à donner qu'à recevoir. » Voilà qui résume bien l'effet bénéfique de mettre en pratique les béatitudes, ces grands principes de vie. Cet effet se manifeste si on cherche à l'intérieur de soi et qu'on laisse s'exprimer la bonté, la sagesse et la générosité qui nous habitent.

Les huit béatitudes de Jésus

1. Heureux les pauvres de cœur, le royaume des cieux est à eux.
2. Heureux les doux, ils auront la Terre en partage.
3. Heureux ceux qui pleurent, ils seront consolés.
4. Heureux ceux qui ont faim et soif de justice, ils seront rassasiés.
5. Heureux les miséricordieux, il leur sera fait miséricorde.
6. Heureux les cœurs purs : ils verront Dieu.
7. Heureux ceux qui font œuvre de paix : ils seront appelés fils de Dieu.
8. Heureux ceux qui sont persécutés pour la justice : le royaume des cieux est à eux.

(Mt 5, 3-10)

Miséricorde :

Dossier 7 · Le bonheur

Le bonheur dans le bouddhisme

Le chef spirituel du peuple tibétain, le dalaï-lama, est heureux. C'est ce qu'il a confié au psychiatre et neurologue Howard Cutler lors d'une longue entrevue. Le bonheur du dalaï-lama puise sa source dans le bouddhisme. Comment parvient-il à être heureux?

Une entrevue avec le dalaï-lama

Est-il possible d'atteindre le bonheur?

« Oui, affirme le dalaï-lama. Je crois que l'on peut atteindre le bonheur par l'exercice de l'esprit. En s'imposant une certaine discipline intérieure, on peut transformer son attitude, ses conceptions et sa manière d'être dans l'existence. Pour jouir d'une vie heureuse et accomplie, la clé est l'état d'esprit, c'est là l'essentiel. »

7.7
Tenzin Gyatso, le 14e dalaï-lama (1935-).
L'invasion chinoise de son pays d'origine, le Tibet, le force à s'exiler en 1959. Depuis, il vit en Inde et s'investit pour la paix et les droits humains. Cette détermination lui a valu le prix Nobel de la paix, en 1989.

7.8
Kalsang Dolma (1972-).

Tout au long du tournage du documentaire *Ce qu'il reste de nous,* Kalsang Dolma a livré en secret un message du dalaï-lama au peuple tibétain, qui est privé de ses visites depuis 50 ans. Kalsang Dolma puise la source de son bonheur en partageant avec le plus de gens possible les richesses de sa culture. C'est ce qui lui donne l'énergie pour continuer à vivre, c'est ce qui lui donne sa paix intérieure.

La culture occidentale semble axée sur les biens matériels. La population est bombardée de publicité. Il est difficile de résister à nos envies. On dirait que cela n'aura jamais de fin. Qu'en pensez-vous?

« Je pense qu'il existe deux sortes de désir, répond le dalaï-lama. Certains sont positifs. Le désir du bonheur est absolument légitime. Le désir de paix. Le désir d'un monde plus harmonieux, plus amical. Mais passés un certain seuil, les désirs deviennent déraisonnables et finissent par être une source de troubles.

En ce moment, je me rends dans les supermarchés. Cela me plaît. Au spectacle de tous ces articles, je sens naître un sentiment de désir, une impulsion première: «Je veux ceci, je veux cela.» Ensuite, seconde réaction, je m'interroge: «En ai-je réellement besoin?» Généralement, la réponse est négative. Le seul antidote à ces désirs qui n'en finissent plus, c'est le contentement: alors, peu importe que l'on ait obtenu satisfaction, on demeure content en dépit de tout. »

Selon vous, qu'est-ce qui mène au bonheur?

« En somme, la gentillesse et la compassion mènent sans aucun doute à un meilleur équilibre psychologique et au bonheur. »

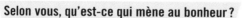

Source: Extraits tirés de: sa sainteté le dalaï-lama et Howard Cutler, *L'art du bonheur,* Paris, Éditions Robert Laffont, 1999, pages 20, 30-31, 42-43.

Vivre ensemble 2

Le bonheur et les traditions religieuses

pages 103 et 104

1. Que représentent les huit béatitudes dans le christianisme ?

     _____

     _____

     _____

     _____

     _____

2. Parmi ces gestes ou attitudes, lesquels sont, selon le christianisme, des sources de bonheur ? Cochez la ou les cases appropriées.

     A. Ne pas juger les gens qui ne pensent pas comme vous. . . . . ❏

     B. Partager seulement avec les gens qu'on connaît. . . . . ❏

     C. Aider une veille dame à traverser la rue. . . . . ❏

     D. Rire d'un compagnon qui a obtenu une mauvaise note en français. . . . . ❏

     E. Mentir à ses parents. . . . . ❏

     F. Donner son chandail trop petit à un ami qui a peu de vêtements. . . . . ❏

3. Faites la narration d'une situation de la vie de tous les jours qui illustre une ou plusieurs béatitudes.

     a) Décrivez la situation.

     _____

     _____

     _____

     b) Nommez la ou les béatitudes illustrées dans la situation.

     _____

     _____

     _____

     c) Avez-vous ressenti du bonheur ? Expliquez votre réponse.

     _____

     _____

     _____

     _____

Dossier 7 · Le bonheur

4. Selon le dalaï-lama, est-il possible d'atteindre le bonheur ? Expliquez votre réponse.

_____

_____

5. Du point de vue du dalaï-lama, quels désirs de la liste suivante sont positifs ? Cochez la ou les réponses appropriées.

   A. Je désire m'acheter des souliers neufs, à la mode. . . . . ❑

   B. Je désire qu'il y ait la paix sur la Terre. . . . . ❑

   C. Je désire atteindre le bonheur. . . . . ❑

   D. Je désire gagner beaucoup d'argent lorsque je serai grande. . . . . ❑

   E. Je désire aider les communautés moins fortunées que la mienne. . . . . ❑

6. Le contentement est la source du bonheur du dalaï-lama. Qu'est-ce que cela signifie ?

_____

_____

_____

_____

7. Encerclez les valeurs de la liste suivante qui, selon vous, sont en accord avec la manière de penser du dalaï-lama. Ensuite, justifiez votre réponse.

   A. La paix dans le monde.

   B. Le respect des droits humains.

   C. La richesse matérielle.

   D. L'atteinte du bonheur.

   E. La beauté physique.

   Pour en savoir plus sur le christianisme et le bouddhisme, consultez le compagnon Web *Vivre ensemble* :

   www.erpi.com/vivreensemble.cw

   Consultez aussi la Boîte à outils, aux pages 176 à 181 et 194 à 197.

   Justification : _____

_____

_____

_____

_____

8. Quels éléments des textes des pages 103 et 104 vous ont permis de réfléchir sur votre conception du bonheur. Expliquez votre réponse.

_____

_____

_____

Vivre ensemble 2

Le bonheur dans les sports extrêmes

Depuis les années 1980, une forme de sport a gagné en popularité : il s'agit des sports extrêmes. Cette catégorie de sports comprend des disciplines comme le parapente, le surf, le trekking et le surf cerf-volant. Les sports extrêmes sont la source du bonheur pour plusieurs. Ils leur procurent une multitude de sensations fortes. Certains adeptes disent qu'ils sont dépendants de ces expériences : le besoin d'aller plus loin et de monter plus haut les pousse sans cesse à recommencer. Vivement l'adrénaline !

L'hormone de l'urgence

L'adrénaline est une hormone sécrétée en réponse à un état de stress ou en vue d'une activité physique demandant de l'effort. Elle répond à un besoin d'énergie. Quand sécrète-t-on de l'adrénaline ? Lorsqu'on fait face au danger, par exemple.

Exploiter son potentiel

« En montagne, la mort est omniprésente. S'il n'y a pas de chutes de pierres, de chutes de glace, le danger vient de nous, à cause d'une faute technique. En principe, en montagne, on n'arrive pas au bout de son niveau technique, on a toujours de la réserve. Il faut savoir se concentrer et jouer avec son potentiel. C'est un phénomène qui permet d'apprendre beaucoup sur soi. Certaines ascensions sont un condensé de vie. On passe par des moments où on peut étudier ses propres réactions. On ne peut pas mentir, on sait ce qu'on a dans le ventre. Après, faire appel à ses ressources devient une habitude. Je ne pensais pas que je possédais ces ressources-là. En montagne, quel que soit notre niveau technique, on en découvre sur soi. »

Source : Christine LE SCANFF, *Les aventuriers de l'extrême,* Paris, Éditions Calmann-Lévy, 2000, 221 p.

Sébastien Laurent est alpiniste. À 29 ans, il a déjà escaladé plusieurs montagnes importantes, dont le Grand Pic de la Meije, dans les Alpes françaises : une ascension de 3983 mètres. Où puise-t-il son bonheur ?

7.9 Un planchiste s'exerce en exécutant des sauts.

7.10 Une jeune femme fait de l'escalade.

Une ascension vers Dieu

Mario Dutil est un passionné d'alpinisme en hautes montagnes. Il a atteint le sommet du mont Everest et plus d'une quarantaine d'autres sommets. Sa source de bonheur? Pouvoir contempler la splendeur de la Création lors de ses expéditions en montagne et se rapprocher de Dieu. Lors de son ascension de l'Everest, il a même apporté et laissé une Bible au sommet en guise de symbole de sa foi. C'était la plus petite Bible du monde. Elle pesait à peine six grammes! Il a dit à ce sujet: «J'ai eu le privilège de déposer la plus petite Bible du monde sur la plus grosse montagne du monde…»

Pour en savoir plus sur les explorateurs québécois, consultez le compagnon Web *Vivre ensemble*:
www.erpi.com/vivreensemble.cw

7.11

Mario Dutil (1959-). C'était le 16 mai 2004, au sommet de l'Everest, avec la plus petite Bible au monde à la main.

Ascension:

7.12

Isabelle Autissier (1956-). Elle est la première femme à avoir fait une course autour du monde en voilier, en solitaire. Selon Isabelle Autissier, la solitude est une façon d'affirmer son indépendance et permet de vivre des situations fortes et intenses.

7.13

Un adepte de surf cerf-volant en Polynésie française.

D'un extrême à l'autre

pages 107 et 108

1. Parmi les questions éthiques suivantes, choisissez-en une. Répondez à la question choisie selon ce que vous pensez vraiment.

   A. Qu'est-ce que le bonheur ?

   B. Ai-je droit au bonheur ?

   C. Quelles valeurs devraient guider les gens dans leur recherche du bonheur ?

   Réponse à la question éthique : _____

   _____

   _____

   _____

2. Lesquelles des valeurs suivantes sont importantes pour Sébastien Laurent ? Cochez les bonnes réponses.

   ❑ La générosité.   ❑ L'honnêteté.

   ❑ L'accomplissement de son potentiel.   ❑ Le goût du risque.

   ❑ L'épanouissement de soi.   ❑ Le souci de la famille.

   Expliquez votre réponse : _____

   _____

   _____

   _____

   _____

   _____

3. Lesquelles des valeurs suivantes sont importantes pour Mario Dutil ? Cochez les bonnes réponses.

   ❑ La compétitivité.   ❑ Être près de la nature.

   ❑ La paix sur la Terre.   ❑ La liberté d'expression.

   ❑ Croire en Dieu.   ❑ La justice sociale.

   Expliquez votre réponse : _____

   _____

   _____

   _____

   _____

   _____

Ma dépendance au bonheur

pages 103 à 108

Dans ce dossier, vous avez lu les témoignages sur le bonheur de plusieurs personnes. Parmi les conceptions du bonheur présentées, choisissez celle que vous préférez. Ensuite, écrivez votre témoignage et faites ressortir la source de votre bonheur. Comparez les deux, soit la source de votre bonheur et celle de la personne que vous avez choisie. Repérez bien les éléments à comparer, et notez les ressemblances et les différences. Enfin, expliquez de quoi dépend votre bonheur.

Au besoin, consultez la Boîte à outils, à la page 209.

Fiche comparative

Ma conception préférée du bonheur :

_____

Mon témoignage et la source de mon bonheur :

_____

_____

_____

_____

Les éléments à comparer :

_____

_____

_____

Les ressemblances :

_____

_____

_____

Les différences :

_____

_____

De quoi dépend mon bonheur :

_____

_____

_____

Vivre ensemble 2

Nom : _____ Groupe : _____

Bilan du dossier 7

Dans ce dossier, vous avez constaté qu'il existe plusieurs sources de bonheur. Pour être heureuses, certaines personnes dépendent de sensations fortes, caractéristiques des sports extrêmes. Dans ce cas, les sports extrêmes constituent un <u>repère</u> qui alimente la réflexion éthique. Le bonheur, selon le christianisme et le bouddhisme, repose sur des qualités personnelles plutôt que sur des conditions extérieures. Les béatitudes du Sermon sur la montagne et l'entrevue avec le dalaï-lama sont des <u>expressions du religieux</u> qui enseignent que le bonheur dépend souvent d'un <u>principe moral</u> : par exemple, le pardon et le contentement.

7.14

Quel bonheur !

1. Qu'avez-vous appris sur :

a) le bonheur dans le catholicisme ?

_____

_____

_____

b) le bonheur dans le bouddhisme ?

_____

_____

_____

c) le bonheur dans les sports extrêmes ?

_____

_____

_____

2. Quelle influence le Sermon sur la montagne peut-il avoir sur les valeurs et les normes dans notre société ? Donnez un exemple.

_____

_____

_____

3. Quelle influence l'enseignement du dalaï-lama sur le contentement peut-il avoir sur les valeurs et les normes dans notre société ? Donnez un exemple.

_____

_____

4. De quel piège susceptible de nuire au dialogue s'agit-il ? Inscrivez la bonne réponse à l'endroit approprié.

- La double faute
- La caricature
- La fausse causalité
- La pente fatale
- Le complot
- Le faux dilemme
- La fausse analogie

Au besoin, consultez la Boîte à outils, aux pages 213 à 216.

A. Mon petit frère commence à sauter en bas de son lit, demain il va débouler l'escalier, et un bon jour, il mourra dans une avalanche.

_____

B. Julie et Alexandre doivent sûrement connaître le préposé à l'entrée du centre de ski : ils sont toujours les premiers sur les pistes.

_____

C. Skier sur la piste fermée : c'est dangereux, mais c'est amusant. Tout le monde le fait, alors, je le fais aussi.

_____

5. Avez-vous trouvé une réponse à la question que vous vous posiez avant de lire le dossier (question n° 7, de la page 101) ?

_____

_____

_____

6. Dans ce dossier, de nombreux repères ont alimenté votre réflexion éthique sur le bonheur. Par exemple, voyager en solitaire, l'entraide, le contentement, escalader une montagne. Nommez les repères de votre environnement en lien avec votre conception du bonheur.

_____

_____

_____

7. Ce que vous avez vu dans ce dossier peut-il avoir un impact sur vos habitudes de vie ? Expliquez votre réponse.

_____

_____

_____

_____

Vivre ensemble 2

L'influence des jeux vidéo

Préparation

« *B*ienvenue sur les ondes de Vivre-ensemble radio ! Au programme aujourd'hui, un sujet chaud : les jeux vidéo. Mon invité, Maxime, a bien voulu répondre à la question suivante : Les jeux vidéo peuvent-ils devenir un danger pour une personne ? À toi, Maxime !

8.1

— Très bonne question, Roxanne. On dit qu'il ne faut pas regarder la télévision trop longtemps ou de trop près. Bien, c'est la même chose avec les jeux vidéo. Tout est dans la modération : les jeux vidéo peuvent être amusants et instructifs, mais il ne faut pas en abuser.

À mon avis, les parents devraient être plus présents et mieux surveiller le type de jeux et le temps que leurs enfants passent à jouer à des jeux vidéo. Il y en a tellement qui deviennent vite cyberdépendants !

— Bons points, Maxime. Demain, à Vivre-ensemble radio, ce sera au tour d'Iris de nous présenter son point de vue sur les jeux vidéo. Iris est une grande amatrice de jeux vidéo. Ça va chauffer ! »

8.2

Portrait-robot

On entend souvent dire que ce sont les adolescents qui jouent aux jeux vidéo. Est-ce bien vrai?

Des chiffres qui en disent long

- Le pourcentage des foyers canadiens qui ont une console de jeu vidéo : 35 %.

- L'âge moyen des joueurs est de 33 ans.

- Selon un sondage réalisé dans les foyers qui possèdent un appareil de divertissement interactif, 25 % des joueurs canadiens avaient plus de 50 ans en 2005.

- À quelle fréquence les adeptes de jeux vidéo jouent-ils ?

  20 % des joueurs, c'est-à-dire 1 sur 5, jouent tous les jours ;

  33 % des joueurs jouent plus d'une fois par semaine ;

  11 % des joueurs jouent une fois par semaine ;

  14 % des joueurs jouent quelques fois par mois, mais moins d'une fois par semaine.

8.3 Le sexe des joueurs

Femmes 38 %

Hommes 62 %

8.4 La répartition des joueurs de jeux vidéo selon l'âge

	Moins de 18 ans	De 18 à 44 ans	45 ans et plus
Hommes	22,6 %	23,8 %	15,7 %
Femmes	8,2 %	10,9 %	18,8 %

Source : Association canadienne du logiciel de divertissement [en ligne]. (Consulté le 11 avril 2008.)

Le contenu des jeux vidéo

Comment savoir si le contenu d'un jeu convient aux enfants, aux adolescents ou à leurs parents?

Aux États-Unis, une organisation a été créée pour la classification des jeux vidéo. L'ESRB (Entertainment Software Rating Board) a conçu des catégories qui permettent de classer les jeux selon leur contenu. Le système fonctionne un peu comme pour la classification des films au cinéma. La majorité des jeux vendus en Amérique du Nord sont classés selon ce système.

Aux États-Unis comme au Canada, le système de classification de l'ESRB est appliqué de façon volontaire. C'est-à-dire qu'il n'a pas valeur de loi. Il couvre cependant la majorité des jeux en circulation.

Questions de réflexion

1. Jouez-vous à des jeux vidéo ? Pourquoi ?

   _____

   _____

   _____

2. Songez à une personne de votre entourage qui joue à des jeux vidéo. Qu'est-ce que le jeu représente pour cette personne ?

   _____

   _____

   _____

3. Selon les statistiques, chez les hommes et chez les femmes, quel groupe d'âge joue davantage aux jeux vidéo ?

   Chez les hommes : _____

   Chez les femmes : _____

4. Quelle est la place des jeux vidéo dans votre vie ?

   _____

   _____

   _____

5. Selon vous, devrait-on interdire les jeux vidéo qui comportent de la violence ?
   Expliquez votre réponse.

   _____

   _____

   _____

   _____

6. Notez une question que soulève chez vous la lecture des pages 113 et 114.

   _____

   _____

   _____

Dossier 8 · L'influence des jeux vidéo

ACTION !

Dans le but de réfléchir à la place des jeux vidéo dans la société et à leur influence dans la vie quotidienne :

☐ 1. Lisez les textes des pages 117 à 122.
    ☐ p. 117, *Les aspects positifs des jeux vidéo*
    ☐ p. 120, *Les aspects négatifs des jeux vidéo*

> *En cours de lecture, surlignez les opinions et les arguments des personnes au sujet des jeux vidéo.*

☐ 2. Afin de vérifier votre compréhension, faites l'activité *Jeux éducatifs ?*, aux pages 123 à 126.

☐ 3. Dans le but d'élaborer votre point de vue et de vous préparer à un débat, faites l'activité *Place à votre opinion !*, aux pages 127 et 128.

> *Au besoin, consultez la Boîte à outils, à la page 208.*

☐ 4. Pour faire le bilan du dossier 8, faites l'activité des pages 129 et 130.

Éléments du programme travaillés

Compétence disciplinaire 1 :
Réfléchir sur des questions éthiques.

Thème :
L'ordre social.

Contenu :
La transformation des valeurs et des normes.

Compétence disciplinaire 3 :
Pratiquer le dialogue.

Forme du dialogue :
Débat.

Moyen pour élaborer un point de vue :
Justification.

Moyens pour interroger un point de vue :
Procédés susceptibles d'entraver le dialogue.
Types de jugements.

Domaine général de formation :
Vivre-ensemble et citoyenneté.

Compétences transversales :
2. Résoudre des problèmes.
4. Mettre en œuvre sa pensée créatrice.

Les aspects positifs des jeux vidéo

Pour en savoir plus sur les jeux vidéo, consultez le compagnon Web *Vivre ensemble*:

www.erpi.com/vivreensemble.cw

« Moi, ce que j'aime dans les jeux vidéo, c'est qu'ils me poussent à me dépasser. Quand je suis en panne dans mon jeu préféré, je me concentre très fort pour résoudre l'énigme. Ça ne fonctionne pas nécessairement du premier coup, mais je recommence et je finis toujours par trouver la solution. J'ai l'impression d'évoluer. »

Karim, 14 ans.

8.5

Saviez-vous que...

En Angleterre, dans certaines écoles secondaires, les élèves peuvent jouer à un jeu vidéo de sport pendant l'heure du dîner. Les jeux vidéo font partie d'un nouveau programme d'éducation physique visant à lutter contre l'obésité.

8.6

« Pour mon anniversaire, ma mère m'a acheté un jeu vidéo qui comprend un tapis de danse sur lequel je peux marcher. Dans le jeu, il faut danser sur une chorégraphie préenregistrée qui est affichée sur l'écran. La musique est en général très rythmée. Je n'aime pas vraiment les sports, aussi ce jeu me donne l'occasion de faire une activité physique. Je passe presque une heure à danser et à sauter tous les jours. Ça me plaît beaucoup. Et puis, c'est bon pour la santé ! »

Léa, 13 ans.

Dossier 8 · L'influence des jeux vidéo

« Depuis qu'ils ont reçu un nouveau jeu vidéo avec la console, une manette et une carte mémoire pour sauvegarder les parties, Kevin et Annabelle s'amusent ensemble et ont beaucoup de plaisir. Ils échangent des trucs et des astuces pour avancer dans leurs jeux favoris. Avant, Kevin et Annabelle se disputaient fréquemment. Maintenant, ils s'entraident tout le temps. Leurs parents, s'ils avaient su, auraient offert ce cadeau bien avant ! »

Louis, 25 ans.

8.7

Saviez-vous que...

Selon des études scientifiques, le fait de s'adonner à des jeux vidéo aide les joueurs à développer leur estime de soi. La maîtrise d'un jeu complexe, par exemple, contribue à donner aux joueurs la confiance en leur talent.

8.8

« Quand Justin est immobilisé dans un tableau difficile de son jeu d'aventure, il envoie un courriel à son cousin, Francis, lui aussi passionné de jeux vidéo. Quand Francis n'a pas la solution, Justin demande de l'aide sur un forum de joueurs. Il y a toujours quelqu'un qui est prêt à donner un coup de pouce. »

Rosemarie, 38 ans.

Saviez-vous que...

Certains médecins recommandent à leurs patients âgés de se procurer des jeux vidéo éducatifs qui font appel à la mémoire et à la logique. Ces jeux permettraient au cerveau de demeurer actif.

8.9

« Jérémie est fier de lui. Samedi dernier, il a montré à ses parents comment jouer au hockey sur son ordinateur. Ensemble, ils ont passé tout un après-midi à jouer. Au début, ils avaient de la difficulté à faire bouger leurs joueurs, car ils ne sont pas très à l'aise avec les nouvelles technologies. Mais ils se sont rapidement améliorés. Sa mère a même réussi à gagner un match… Évidemment, Jérémie a dit à la blague qu'il l'avait laissée gagner ! »

Camille, 20 ans.

« Avant, je manquais de confiance en moi. J'ai découvert un jeu vidéo qui simule le jeu d'un vrai guitariste. J'ai toujours rêvé de faire de la musique. Au début, je n'étais pas très bon, mais j'ai continué jusqu'à ce que je me sente compétent. Une fois, on a eu l'occasion de jouer à l'école. Les autres élèves étaient vraiment impressionnés. J'étais tellement fier ! »

Étienne, 14 ans.

8.10

8.11

« Quand j'ai commencé à jouer à un jeu où on crée des maisons et des vêtements, le jeu était offert en anglais seulement. C'était difficile pour moi de comprendre comment faire. Avec le temps, j'ai commencé à reconnaître des mots et des phrases. Maintenant, je me débrouille assez bien en anglais. J'ai pu en faire la preuve quand on a fait un voyage à Boston avec ma classe. »

Julie-Anne, 16 ans.

Les aspects négatifs
des jeux vidéo

« J'aime jouer à des jeux vidéo où il y a de l'action et de la guerre. Je me mets dans la peau du héros et je tire sur l'ennemi avec mon fusil d'assaut. Ma mère n'aime vraiment pas ça. Elle dit que c'est un jeu beaucoup trop violent pour les jeunes. »

Émile, 11 ans.

« Franchement, je trouve que les jeux vidéo ne font pas assez de place aux personnages féminins. Ce sont toujours les garçons qui ont le beau rôle. D'accord, il existe aussi quelques héroïnes, mais leur silhouette, leur maquillage, leurs vêtements, leurs façons d'agir font que nous, les filles, on ne peut pas s'identifier à elles. On dirait que c'est fait exprès pour les gars. Ce n'est pas juste. »

Isabella, 16 ans.

« Il y a des gens qui disent que jouer aux jeux vidéo, ça crée de l'isolement. Parce que je passe plus de temps avec mon ordinateur qu'avec mes amis, ma mère dit que je suis en train de me transformer en rat de sous-sol. Je trouve qu'elle exagère. »

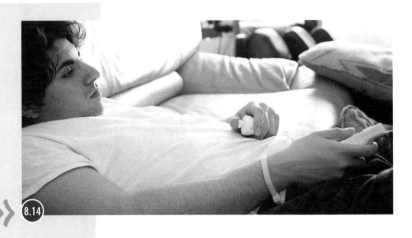

Yuri, 15 ans.

Saviez-vous que...

D'après une enquête menée par deux chercheurs américains de l'Université du Michigan, la violence dans les jeux vidéo interactifs serait plus dangereuse que la violence vue à la télévision et au cinéma. Selon ces chercheurs, les joueurs qui s'adonnent à des jeux violents deviendraient insensibles aux actes de violence commis dans le monde réel.

« Au début, je ne jouais pas beaucoup, peut-être une heure par jour. Puis, avec ma nouvelle console de jeu vidéo, j'ai perdu la notion du temps ! Je ne faisais plus mes devoirs. Aujourd'hui, il m'arrive même de manquer une journée d'école parce que je ne suis pas capable d'arrêter mon jeu. C'est devenu comme une drogue. »

8.15

Félix, 16 ans.

Saviez-vous que...

Selon le spécialiste de la dépendance Jean-Claude Matysiak, la dépendance aux jeux vidéo est semblable à celle causée par la drogue.

« Ma grande sœur passe son temps enfermée dans sa chambre à faire bouger des personnages virtuels dans des maisons qu'elle décore. Avant, on allait au parc pour s'amuser et on faisait du vélo. Aujourd'hui, je m'amuse toute seule. Ça me fait de la peine. »

Alexia, 10 ans.

8.16

« Quand je joue au basket ou au football sur ma console portative, je me fâche si je n'arrive pas à battre mon adversaire. Chaque fois, je me parle dans ma tête : « Si il pense qu'il m'aura. Il ne perd rien pour attendre. » Je pense que je serais prêt à faire n'importe quoi pour gagner. »

Nicolas, 13 ans.

« Récemment, il est arrivé quelque chose de bien malheureux à ma cousine. Trois ans après avoir reçu sa console de jeu, pour ses 11 ans, elle a commencé à ressentir de la fatigue et des maux de tête. Malgré cela, elle a continué de jouer à son jeu vidéo préféré à raison de plusieurs heures par jour. Sa condition a empiré. Elle a dû consulter un médecin qui lui a fortement conseillé de ne plus jouer à certains jeux. Ils peuvent être la cause de malaises physiques. Quand c'est le cas, une inscription apparaît sur le boîtier. Depuis, je redoute un peu les jeux vidéo. »

Manuela, 13 ans.

Saviez-vous que…

Pour le scientifique et écrivain français Albert Jacquard, les jeux vidéo favorisent le développement de l'esprit de compétition chez les joueurs. Ceux-ci en viennent à vouloir gagner et vaincre l'autre à tout prix. Cela a pour conséquence que les joueurs développent l'impression que toutes les activités de la vie sont comme des jeux où il faut gagner.

Albert Jacquard (1925-), un généticien qui a écrit de nombreux ouvrages à caractère philosophique.

Jeux éducatifs ?

Les aspects positifs des jeux vidéo

pages 117 à 119

1. À chaque témoignage des pages 117 à 119, associez un aspect positif de la liste suivante.

> • apprentissage d'une langue   • dépassement de soi
>
> • estime de soi   • entraide
>
> • exercice physique   • initiation à la technologie

A. Karim : _____

B. Léa : _____

C. Louis : _____

D. Rosemarie : _____

E. Camille : _____

F. Étienne : _____

G. Julie-Anne : _____

2. Êtes-vous d'accord avec le fait que les jeux vidéo peuvent être positifs ? Expliquez votre réponse.

_____

_____

_____

3. « Ça ne fonctionne pas nécessairement du premier coup, mais je recommence et je finis toujours par trouver la solution. » Nommez une caractéristique de la personne qui a dit cette phrase.

_____

4. « En Angleterre, les jeux vidéo font partie d'un nouveau programme d'éducation physique visant à lutter contre l'obésité. » Pensez-vous qu'un tel programme doit faire partie des activités à l'école ? Expliquez votre réponse.

_____

_____

_____

Dossier 8 · L'influence des jeux vidéo

5. De quels procédés susceptibles d'entraver le dialogue s'agit-il ? Choisissez vos réponses dans la liste suivante. Au besoin, consultez la Boîte à outils, aux pages 213 à 216.

- Appel au stéréotype   • Généralisation abusive

- Pente fatale   • Caricature

A. « Tu devrais acheter ce jeu parce que tous les enfants deviennent automatiquement gentils quand ils y jouent. »

_____

B. Retournez lire l'histoire de Julie-Anne. Imaginez que quelqu'un lui réponde ainsi : « Moi aussi, depuis que je joue à ce jeu, je crois que je serais capable d'apprendre l'espagnol et le mandarin. »

_____

C. « C'est si facile de passer d'amateur de jeux vidéo à cyberdépendant ! »

_____

6. Trouvez-vous que les adeptes des jeux vidéo forment une sorte de communauté, un clan, un nouveau groupe ? Expliquez votre réponse.

_____

_____

_____

_____

7. « Selon des études scientifiques, le fait de s'adonner à des jeux vidéo aide les joueurs à développer leur estime de soi. La maîtrise d'un jeu complexe, par exemple, contribue à donner aux joueurs de la confiance en leur talent. »
Trouvez un exemple qui illustre que l'estime de soi peut grandir grâce aux jeux vidéo.

_____

_____

_____

8. « Certains médecins recommandent à leurs patients âgés de se procurer des jeux vidéo éducatifs qui font appel à la mémoire et à la logique. Ces jeux permettraient au cerveau de demeurer actif. » Concevez un slogan pour mettre en lumière la valeur éducative des jeux vidéo.

_____

_____

Les aspects négatifs des jeux vidéo

pages 120 à 122

1. À chaque témoignage des pages 120 à 122, associez un aspect négatif de la liste suivante.

> • isolement • dépendance • esprit de compétition excessif
> • malaises physiques • sexisme • violence

A. Émile : _____

B. Isabella : _____

C. Yuri : _____

D. Félix : _____

E. Alexia : _____

F. Nicolas : _____

G. Manuela : _____

2. a) Êtes-vous d'accord avec le fait que les jeux vidéo peuvent être négatifs ? Expliquez votre réponse.

_____

_____

_____

   b) Selon vous, qu'est-ce qui pourrait être fait pour contrer les aspects négatifs des jeux vidéo ?

_____

_____

_____

➔ Au besoin, consultez la Boîte à outils, à la page 212.

3. Quel est le (type de jugement) fait par la mère d'Émile ? Justifiez votre réponse.

_____

_____

4. Dans les jeux vidéo, on trouve souvent plus d'émotions fortes et moins de frustrations que dans la vie quotidienne. À votre avis, est-il facile de développer une dépendance à l'égard des jeux vidéo, comme cela est arrivé à Félix ? Expliquez votre réponse.

_____

_____

_____

Dossier 8 • L'influence des jeux vidéo

5. De quels procédés susceptibles d'entraver le dialogue s'agit-il ? Choisissez vos réponses dans la liste suivante. Au besoin, consultez la Boîte à outils, aux pages 213 à 216.

> • Appel au stéréotype   • Caricature   • Fausse analogie
>
> • Généralisation abusive   • Pente fatale

A. « Il y a des personnages féminins dans les jeux vidéo, mais elles portent toutes des combinaisons super-moulantes. Je le sais, j'en ai vu une dans un des jeux de mon frère. C'est fait pour les gars. C'est injuste. »

_____

B. « Aujourd'hui, il m'arrive même de manquer une journée d'école parce que je ne suis pas capable d'arrêter mon jeu. C'est devenu comme une drogue. » Imaginez qu'une fille réponde à Félix : « Si tu es un drogué des jeux vidéo, il faut que tu te rendes dans un centre de désintoxication. »

_____

C. « Parce que je passe plus de temps avec mon ordinateur qu'avec mes amis, ma mère dit que je suis en train de me transformer en rat de sous-sol. Je trouve qu'elle exagère. »

_____

6. Pour Albert Jacquard, les jeux vidéo développent l'esprit de compétition chez les jeunes. Il pense que les jeunes courent le risque de prendre la vie comme un jeu où il faut être toujours le gagnant ou la gagnante. Êtes-vous d'accord avec son point de vue ? Expliquez votre position.

_____
_____
_____
_____
_____
_____
_____
_____

Place à votre opinion !

Imaginez que vous participez à un débat. Voici la question à laquelle vous devez répondre : À l'école, devrait-il y avoir une salle de jeux vidéo comme il y a une bibliothèque ?

Vous devez (justifier) votre opinion à l'aide des arguments présentés dans ce dossier. Prenez position en faisant ressortir les valeurs qui vous tiennent à cœur.

→ Au besoin, consultez la Boîte à outils, à la page 210.

Pour ou contre ?

Quelle position adoptez-vous ? _____

_____

Formulez votre point de vue

1. Vous avez choisi votre position. Maintenant, formulez trois arguments pour appuyer votre point de vue.

Arguments

1. _____

_____

_____

_____

2. _____

_____

_____

3. _____

_____

_____

Dossier 8 · L'influence des jeux vidéo

2. Pour faire évoluer le débat, pour chacun des arguments donnés, préparez une objection que pourrait apporter quelqu'un qui ne partage pas votre opinion.

Objections

1. _____
_____
_____
_____

2. _____
_____
_____
_____

3. _____
_____
_____

3. Imaginez une réponse pour chaque objection.

Réponses aux objections

1. _____
_____
_____
_____

2. _____
_____
_____
_____

3. _____
_____
_____

Bilan du dossier 8

Dans ce dossier, vous avez exploré la place des jeux vidéo dans la société et leur influence dans la vie quotidienne. Vous avez réfléchi sur les aspects positifs et négatifs des jeux vidéo compte tenu de différentes <u>valeurs</u> présentes dans notre société. Vous avez songé aux <u>normes</u> et aux règles qui peuvent être envisagées en réponse à la <u>question éthique</u> suivante : « Quelle est l'influence des jeux vidéo dans la vie quotidienne et dans la société ? »

> Pour vérifier vos connaissances, explorez la section *Jeux* du compagnon Web *Vivre ensemble* :
> **www.erpi.com/vivreensemble.cw**

1. Relisez les témoignages des pages 117 à 122 et relevez les valeurs qui s'opposent.
   Exemple : L'isolement s'oppose à l'entraide.

   _____
   _____
   _____
   _____
   _____
   _____
   _____
   _____

2. a) Aux nᵒˢ 5 des pages 124 et 126, avez-vous réussi à repérer les procédés susceptibles d'entraver le dialogue ? Expliquez votre réponse.

   _____
   _____

   b) Dans vos mots, expliquez quels sont les avantages de reconnaître les procédés susceptibles d'entraver le dialogue.

   _____
   _____

3. Ce que vous avez vu dans ce dossier a-t-il modifié votre opinion au sujet de la place des jeux vidéo dans la société et dans votre vie ? Expliquez votre réponse.

   _____
   _____
   _____
   _____

Dossier 8 • L'influence des jeux vidéo

4. Est-ce que les jeux vidéo influencent votre vie familiale ? Répondez dans la colonne appropriée du tableau et donnez deux exemples pour appuyer votre réponse.

Oui, les jeux vidéo influencent ma vie familiale.	Non, les jeux vidéo n'influencent pas ma vie familiale.

5. Avez-vous trouvé une réponse à la question que vous vous posiez avant de lire le dossier (question n° 6, à la page 115) ? Expliquez votre réponse.

_____

_____

_____

_____

_____

6. Nommez un élément du dossier que vous avez trouvé particulièrement intéressant. Expliquez votre réponse en indiquant comment ces nouvelles connaissances vous aideront à mieux comprendre notre société.

_____

_____

_____

_____

Un grand atelier d'art

Préparation

De tout temps, les fidèles de toutes les traditions religieuses éprouvent une grande fierté pour leurs lieux de culte.

L'expression « Rien n'est trop beau pour Dieu » a été souvent utilisée pour justifier les sommes importantes investies dans la construction des lieux de culte et dans la fabrication des objets de culte. Les plus grands artistes et les plus grands artisans ont conçu des chefs-d'œuvre fantastiques qui font maintenant partie de notre patrimoine religieux et artistique.

9.1

La basilique Notre-Dame à Montréal. Construite de 1824 à 1829, cette église pourrait être un magnifique musée : elle compte un nombre impressionnant de sculptures, de tableaux, de vitraux.

Des générations d'artistes

Des débuts de la Nouvelle-France jusqu'aux années 1960, la construction des églises catholiques a donné du travail à des générations d'artistes et d'artisans. C'est le cas notamment de la famille Baillairgé qui, du milieu du 18e siècle jusqu'au début du 20e siècle, sur cinq générations, a permis la construction d'éléments remarquables du patrimoine religieux et artistique québécois. Ses membres les plus connus sont Jean Baillairgé (1726-1805), François Baillairgé (1759-1830), Thomas Baillairgé (1791-1859) et Charles Baillairgé (1826-1906).

9.2 **L'église Saint-Louis, à Lotbinière, près de Québec.** On doit à l'architecte François Baillairgé la conception de cette église construite de 1818 à 1822.

9.3 ***La Nativité,*** **œuvre de l'artiste Guido Nincheri.** Ce vitrail orne l'église Saint-Clément à Montréal.

9.4 **L'église Le Saint-Nom-de-Marie, à Sainte-Marie, en Beauce.** Cette église, construite de 1856 à 1859, a été conçue par l'architecte Charles Baillairgé.

9.5 ***La Dernière Cène,*** une mosaïque d'Auguste Labouret, maître verrier et mosaïste français, à la basilique de Sainte-Anne-de-Beaupré, près de Québec.

Questions *de* réflexion

1. Nommez et décrivez un lieu de culte ou un élément d'un lieu de culte que vous avez trouvé particulièrement beau.

   _____

   _____

   _____

2. Nommez des métiers en lien avec la construction des objets de culte ou des lieux de culte.

   _____

   _____

   _____

3. Nommez des matériaux utilisés dans la fabrication des œuvres religieuses ou des églises qui permettent de constater que « Rien n'est trop beau pour Dieu ».

   _____

   _____

   _____

4. Certaines églises contiennent des œuvres d'art qui sont de véritables chefs-d'œuvre. À quoi pourrait-on comparer ces églises et leur contenu de grande valeur artistique ?

   _____

   _____

   _____

5. Qualifiez votre intérêt pour la visite des lieux de culte et la découverte des œuvres d'art qui s'y trouvent. Expliquez votre réponse.

   _____

   _____

   _____

6. Notez une question que soulève chez vous la lecture des pages 131 et 132.

   _____

   _____

   _____

ACTION !

Dans le but de prendre conscience de l'apport du catholicisme dans le patrimoine artistique religieux québécois et de vous préparer à un panel :

❑ 1. Lisez les textes des pages 135 à 138.
   ❑ p. 135, *La sculpture et la peinture*
   ❑ p. 137, *La mosaïque et le vitrail*
   ❑ p. 138, *L'orfèvrerie et les arts textiles*

❑ 2. Afin d'approfondir votre compréhension des arts religieux dans le patrimoine québécois, faites l'activité *Faisons le point,* aux pages 139 à 142.

❑ 3. Imaginez que vous participez à un panel en tant que spécialiste du patrimoine religieux. Élaborez votre point de vue en réalisant l'activité *Exposer ses trouvailles,* aux pages 143 et 144.

❑ 4. Pour faire le bilan du dossier 9, faites l'activité des pages 145 et 146.

Au fil de votre lecture, surlignez les caractéristiques de chacun des métiers d'art.

atelier du dialogue

Un panel est une rencontre entre quelques personnes choisies pour leurs connaissances sur une question donnée afin d'exposer leurs points de vue respectifs, de dégager une vision d'ensemble et d'échanger avec un auditoire.

Voir aussi la Boîte à outils, à la page 208.

Éléments du programme travaillés

Compétence disciplinaire 2 :
Manifester une compréhension du phénomène religieux.
Thème :
Le patrimoine religieux québécois.
Contenu :
**Des fondatrices, des fondateurs, des personnages marquants et des institutions.
Des œuvres patrimoniales.**

Compétence disciplinaire 3 :
Pratiquer le dialogue.
Forme du dialogue :
Panel.

Moyen pour élaborer un point de vue :
Explication.

Moyen pour interroger un point de vue :
Types de jugement.

Domaine général de formation :
Orientation et entrepreneuriat.

Compétences transversales :
**1. Exploiter l'information.
7. Actualiser son potentiel.**

La sculpture et la peinture

Dans la religion catholique, la sculpture et la peinture occupent une place très importante. Les œuvres d'art sculptées et peintes représentent le Christ, les saints et des scènes de la Bible. Ces œuvres sont soit indépendantes de la structure du lieu de culte, soit intégrées à la structure architecturale de l'église.

La sculpture

Dans une église catholique, les principaux travaux de sculpture sont les crucifix, les statues, la chaire, les fonts baptismaux, l'autel et le tabernacle. Parfois, on trouve également de la sculpture dans les éléments du décor comme les bancs, les portes et les balustrades.

Tabernacle et autel : des œuvres importantes

L'autel est la table sacrée sur laquelle l'eucharistie est célébrée. Le maître-autel est l'autel principal d'une église. Il constitue l'élément le plus important du décor d'une église. Le maître-autel peut être une véritable pièce architecturale qui inclut un ou plusieurs tableaux peints. Le tabernacle est une petite armoire qui contient le ciboire, qui sert à conserver les hosties consacrées. Le tabernacle lui-même est souvent magnifiquement sculpté.

> Pour en savoir plus sur le catholicisme et les lieux de culte au Québec, consultez le compagnon Web *Vivre ensemble* :
> **www.erpi.com/vivreensemble.cw**

> Consultez aussi la *Boîte à outils*, aux pages 178 à 181.

9.7

9.6

Le maître-autel de l'église de Saint-Joachim, près de Québec. La peinture au-dessus du maître-autel représente le saint patron de cette église : saint Joachim. Il s'agit de l'époux de sainte Anne, la mère de la Vierge Marie. Ce maître-autel a été conçu par le sculpteur François Baillairgé en 1784. Son fils Thomas Baillairgé l'aida à compléter le décor de cette église à partir de 1815, jusqu'en 1826.

9.8

Les fonts baptismaux et la chaire, magnifiquement sculptés par la firme Paquet et Godbout, ornent l'église L'Annonciation à L'Ancienne-Lorette, près de Québec.

Dossier 9 • Un grand atelier d'art

La peinture

Autrefois, on faisait souvent appel à un peintre pour réaliser une œuvre représentant le saint patron ou la sainte patronne de l'église en construction. On plaçait généralement ce tableau au-dessus du maître-autel et du tabernacle.

On a parfois confié à de grands peintres la décoration entière d'une église. C'est le cas du peintre québécois Ozias Leduc (1864-1955), qui a consacré les 13 dernières années de sa vie à peindre les 14 immenses tableaux de l'église Notre-Dame-de-la-Présentation, à Shawinigan, en Mauricie.

Jusqu'au 20e siècle, beaucoup de peintres et de sculpteurs ont tiré leur subsistance de l'art religieux destiné aux églises, ici comme ailleurs dans le monde chrétien. Un grand nombre de ces œuvres d'art sont aujourd'hui conservées dans des musées.

9.9

Fleuve, traditionnellement attribué à sœur Marie-Madeleine Maufils (1671-1702), 1697.

Des religieuses expertes

Au monastère des Augustines de l'Hôpital Général de Québec, les religieuses sont reconnues pour leur contribution remarquable au développement de notre société tant sur le plan culturel, spirituel que médical. Elles ont excellé dans l'art pendant plus de trois siècles. L'église du Monastère renferme toujours les 21 paysages peints en 1697 par sœur Marie-Madeleine Maufils (1671-1702), ainsi que des encadrements dorés par les religieuses au 19e siècle. Même le clocher de l'église (1859) aurait été dessiné par une religieuse experte en construction, sœur Françoise Vandandaigue dite Gadbois.

L'Annonciation, 1949-1952, **9.10** Ozias Leduc.

ET INCARNATUS EST

9.11

L'église Notre-Dame-de-la-Présentation, à Shawinigan. La totalité du décor de cette église a été réalisée par le peintre québécois Ozias Leduc.

Pour en savoir plus sur les congrégations religieuses au Québec, consultez le compagnon Web *Vivre ensemble*: **www.erpi.com/vivreensemble.cw**

La mosaïque et le vitrail

La mosaïque et le vitrail sont deux techniques artistiques parmi les plus anciennes au monde. En Grèce, vers le 9e siècle avant notre ère, la mosaïque servait à la décoration intérieure des maisons et des temples. Quant au vitrail, cet art a été élaboré en Europe pendant le Moyen-Âge (de l'an 500 à l'an 1500 de notre ère). Il s'agit de la forme d'art la plus fréquente dans les lieux de culte de toutes les traditions religieuses.

La mosaïque

La mosaïque est un assemblage de fragments de pierre, de verre ou de céramique qui forme des motifs ou des figures. Elle sert à ornementer des planchers, des murs ou des plafonds. La mosaïque occupe une place importante dans les arts religieux musulmans et judaïques. Au Québec, c'est au 20e siècle que la mosaïque fait son apparition dans l'ornementation des lieux de culte.

Le vitrail

Le vitrail est un assemblage de pièces de verre coloré qu'on installe généralement dans l'ouverture des fenêtres. En traversant le vitrail, les rayons du soleil procurent à l'intérieur des effets tout à fait uniques. Du Moyen Âge jusqu'au 20e siècle, on s'est servi du vitrail dans les églises pour composer des « tableaux de verre ».

9.12

La mosaïque de la voûte centrale de la basilique de Sainte-Anne-de-Beaupré.

9.14

La basilique de Sainte-Anne-de-Beaupré et son décor de mosaïque.
La mosaïque de la voûte centrale représente la Vierge Marie, Jésus, sainte Anne, deux anges et Dieu. Ce sont les artistes français Auguste Labouret et Jean Gaudin qui ont réalisé de 1940 à 1941 la grande voûte centrale de la basilique.

9.13

Le vitrail représentant saint Alphonse de Liguori compte parmi la centaine de vitraux de la basilique de Sainte-Anne-de Beaupré, près de Québec.

L'orfèvrerie et les arts textiles

L'orfèvrerie

Les êtres humains travaillent les métaux depuis des millénaires. L'orfèvrerie consiste à transformer les métaux précieux pour en faire des objets d'ornement de toutes sortes. Pour les lieux de culte, l'orfèvre confectionne les objets sacrés, comme les <u>calices</u>, les chandeliers, les lustres, les tabernacles, de même que certains ornements architecturaux.

De nombreuses pièces d'orfèvrerie religieuse, comme les calices et les ciboires, sont surtout fabriquées en or et en argent, car on jugeait les autres matériaux indignes du Christ. Ce n'est qu'en 1969 que l'Église catholique a autorisé l'utilisation de matériaux comme le bois ou la céramique pour les vases sacrés.

9.15 Calice contemporain fabriqué par le Studio d'orfèvrerie Gilles Beaugrand en argent et en or.

Les arts textiles

Les pratiques religieuses exigent généralement du célébrant qu'il porte des vêtements spéciaux. Autrefois, ces vêtements étaient souvent élaborés avec de riches étoffes ornementées d'or, d'argent et de pierres précieuses. Dans la religion catholique, on a souvent confié aux religieuses la confection de ces vêtements. Les arts textiles comprennent le tissage, la couture et la broderie. On trouve des œuvres réalisées par les religieuses depuis les débuts de la Nouvelle-France.

9.16 Des exemples de travail d'orfèvrerie et d'art textile : le calice et les vêtements du pape Benoît XVI.

9.17 **Chasuble** du 17e siècle conçue et brodée par les ursulines.

Faisons le point

La sculpture et la peinture

pages 135 et 136

1. Dans les églises catholiques, que représentent les œuvres peintes ou sculptées ?

_____

_____

_____

_____

2. Nommez les principaux travaux de sculpture dans une église catholique.

   • _____

   • _____

   • _____

   • _____

3. a) À quoi sert l'autel ou le maître-autel dans une église catholique ?

   _____

   _____

   _____

   _____

   b) À quoi sert le tabernacle ?

   _____

   _____

   _____

   _____

   c) À quoi sert le calice ?

   _____

   _____

   _____

   _____

   d) Qu'est-ce qu'un saint patron dans une église catholique ?

   _____

   _____

4. Complétez la phrase suivante.

Jusqu'au 20ᵉ siècle, beaucoup de _____ ont tiré leur subsistance de l'art religieux destiné aux églises.

5. Quel est le type de (jugement) présent dans l'expression « Rien n'est trop beau pour Dieu » ? (Expliquez) votre réponse.

Au besoin, consultez la Boîte à outils, aux pages 210 et 212.

_____

_____

_____

_____

_____

6. De nos jours, de nombreuses églises catholiques sont désertes. Quelle est votre opinion au sujet de l'avenir du patrimoine artistique que contiennent les églises québécoises ?

_____

_____

_____

_____

La mosaïque et le vitrail

page 137

7. Quelles sont les origines de la mosaïque et du vitrail ?

_____

_____

_____

_____

_____

8. Expliquez dans vos mots les techniques de la mosaïque et du vitrail.

_____

_____

_____

_____

_____

_____

9. Observez les photos du dossier. Indiquez quels sont les éléments représentés à l'aide des techniques de la mosaïque et du vitrail dans les églises.

_____

_____

_____

_____

10. Selon vous, quelles sont les qualités que doivent posséder les artistes qui réalisent des mosaïques et des vitraux ?

_____

_____

_____

_____

L'orfèvrerie et les arts textiles

page 138

11. Qu'est-ce que l'orfèvrerie ?

_____

_____

_____

12. Nommez des objets qui peuvent être conçus et réalisés par un orfèvre dans les lieux de culte catholiques.

_____

_____

_____

_____

13. Pourquoi les plus anciennes pièces d'orfèvrerie religieuse étaient-elles surtout fabriquées en or et en argent ?

_____

_____

_____

14. Dans la religion catholique, on a souvent confié aux religieuses la confection des vêtements sacerdotaux. Quels arts textiles les religieuses ont-elles utilisés ?

_____

_____

15. Pourquoi utilisait-on autrefois l'or, l'argent et les pierres précieuses pour orner les vêtements sacrés dans la religion catholique ?

_____

_____

_____

_____

16. Parmi les formes d'art présentées dans le dossier, quelle est celle qui vous touche particulièrement ? Expliquez votre réponse.

_____

_____

_____

_____

17. Nommez des œuvres réalisées par des artistes actuels dans les domaines artistiques suivants :

a) La peinture :

_____

_____

b) La sculpture :

_____

_____

c) La mosaïque :

_____

_____

d) Le vitrail :

_____

_____

e) L'orfèvrerie :

_____

_____

f) Les arts textiles :

_____

_____

Exposer ses trouvailles

Imaginez que vous participez à un panel en tant que spécialiste du patrimoine religieux. Le sujet : une exposition d'art religieux que vous avez vue.

Au besoin, consultez la Boîte à outils, à la page 208.

Afin de bien vous préparer pour cette rencontre, vous remplirez les trois fiches de présentation ci-après.

1. Parmi les œuvres vues dans le dossier, choisissez les trois œuvres les plus intéressantes.

2. Pour chaque œuvre choisie, donnez deux arguments pour justifier votre choix. Votre premier argument doit être un jugement de réalité.

Au besoin, consultez la Boîte à outils, à la page 212.

3. Imaginez une objection possible pour chacun des arguments donnés.

4. Enfin, imaginez une réponse possible pour chaque objection.

Fiche de présentation 1

Œuvre choisie : _____

Mes arguments

1. _____

2. _____

Les objections

1. _____

2. _____

Mes réponses aux objections

1. _____

2. _____

Fiche de présentation 2

Œuvre choisie : _____

Mes arguments

1. _____

2. _____

Les objections

1. _____

2. _____

Mes réponses aux objections

1. _____

2. _____

Fiche de présentation 3

Œuvre choisie : _____

Mes arguments

1. _____

2. _____

Les objections

1. _____

2. _____

Mes réponses aux objections

1. _____

2. _____

Bilan du dossier 9

Dans ce dossier, vous avez constaté que de nombreux artistes et artisans ont contribué au développement du patrimoine religieux québécois. Vous avez découvert des métiers et des formes d'art. Vous avez fait des choix parmi des œuvres religieuses en vous interrogeant sur vos préférences.

Les œuvres d'art dans ce dossier sont des expressions du religieux du catholicisme présent au Québec. Le fait de les découvrir vous a permis de prendre conscience de l'apport du catholicisme dans le patrimoine artistique et religieux du Québec.

1. Dans ce dossier, avez-vous découvert des métiers que vous ne connaissiez pas ? Si oui, lesquels ?

   _____

   _____

   _____

2. Votre opinion a-t-elle changé au sujet de la préservation des objets ou des œuvres d'art qui témoignent de l'histoire ? Expliquez votre réponse.

   _____

   _____

   _____

3. Dans vos fiches de présentation aux pages 143 et 144, avez-vous réussi à formuler des objections possibles aux arguments avancés ? Expliquez votre réponse.

   _____

   _____

   _____

   _____

4. a) Ce que vous avez vu dans ce dossier a-t-il modifié votre regard sur les œuvres d'art présentes dans les lieux de culte ici et dans le reste du monde ? Expliquez votre réponse.

   _____

   _____

   _____

   _____

Dossier 9 • Un grand atelier d'art

b) Aurez-vous envie d'observer plus attentivement les œuvres d'art à caractère religieux lors de vos futures visites de lieux de culte ? Expliquez votre réponse.

_____

_____

_____

_____

5. Laquelle des formes d'art vues dans ce dossier vous a semblé la plus intéressante ? Expliquez votre réponse.

_____

_____

_____

_____

6. Avez-vous trouvé une réponse à la question que vous vous posiez avant de lire le dossier (question n° 6, à la page 133) ?

_____

_____

_____

9.18

***Esther Blondin,* Raoul Hunter, 2002.** Cette sculpture de bronze représente la fondatrice de la congrégation des Sœurs de Sainte-Anne, Esther Blondin. Elle se trouve dans la chapelle du couvent des Sœurs de Sainte-Anne à Lachine.

9.19

Le tabernacle du maître-autel de l'église St. Michael's and St. Anthony's à Montréal.

Préparation

Faudrait-il permettre le clonage humain?

Voilà une question éthique qui porte sur de nombreux <u>enjeux</u>
<u>éthiques</u>, dont la liberté. Cette question suscite d'autres ques-
tions: Les humains sont-ils libres de faire toutes les expériences scientifiques possibles? Est-ce qu'il y a des limites à cette
liberté? Si oui, lesquelles? Quelles sont les valeurs en jeu?

Le clonage animal

Connaissez-vous Dolly? C'est une brebis née en Écosse, en
1996: le premier clone animal à voir le jour. À l'époque, sa naissance a ébranlé l'opinion publique mondiale. Reproduire une copie
conforme d'un animal était devenu possible!

Depuis ce jour, le clonage est controversé: certains sont en
faveur, d'autres sont contre. Les scientifiques poursuivent leurs
travaux et plusieurs clones animaux ont vu le jour après Dolly.

Le clonage humain

En 2002, autre coup d'éclat: la nouvelle de la naissance du
premier clone humain – une fille, disait-on – a retenti à l'échelle
planétaire. Canular ou vérité? Cette nouvelle n'a jamais été
confirmée.

Le sujet reste entouré de silence car le clonage est défendu
dans plusieurs pays du monde. Cependant, les progrès dans le
domaine prouvent que les travaux se poursuivent.

10.1

La brebis Dolly. Cette photographie a été
prise au Edinburgh's Royal Museum, où
Dolly est conservée, depuis sa mort en
2003. Le clonage animal était considéré
comme un moyen de parvenir à la
reproduction des meilleurs éléments
d'une race.

Et si c'était possible ?

Mettre fin à un grand chagrin

J'ai 12 ans. Mes parents m'ont adoptée lorsque j'étais bébé. Ils ont demandé d'adopter un enfant parce qu'ils n'arrivaient pas à en concevoir un naturellement. J'ai été choisie et j'adore mes parents. Il y a trois ans, ma mère a appris qu'elle était enceinte ; c'était incroyable mais vrai. Tout le monde a été surpris. C'était un grand bonheur pour nous tous.

Mon petit frère Jérémie a deux ans et trois mois. Il vient d'avoir un terrible accident. Il est à l'hôpital, entre la vie et la mort. Les médecins disent qu'il ne lui reste que quelques jours à vivre.

C'est tellement triste. Mes parents et moi, nous pleurons beaucoup. Jérémie nous manque déjà ; personne ne pourra jamais le remplacer…

Et si quelqu'un connaissait une façon de le remplacer ?

Je m'appelle Noah Durocher. J'ai 11 ans. Tous les jours, après l'école, je me fais garder par ma voisine. Elle s'appelle Caroline. Elle est vraiment gentille. C'est une grande sportive ; quand elle était plus jeune, elle a fait beaucoup de patinage artistique. Aujourd'hui, elle est encore très active, mais, malheureusement, elle souffre de diabète depuis plusieurs années.

L'autre jour, quand je suis arrivé chez elle, elle pleurait. Elle m'a raconté qu'elle a un problème avec son pied gauche : elle s'est blessée en faisant de la randonnée et la plaie ne guérit pas, à cause de son diabète.

Elle pense devoir se faire amputer. Et porter une prothèse. J'essaie de la consoler.

Je me dis que ce serait merveilleux si les chercheurs arrivaient à mettre au point une technique qui guérirait les maladies comme le diabète ou qui permettrait à des tissus de se régénérer.

10.2

Christopher Reeve (1952-2004).
Christopher Reeve est un célèbre acteur américain qui a interprété Superman dans quatre films. Devenu handicapé en 1995 à la suite d'une chute de cheval où il a eu la moelle épinière sectionnée, il a milité en faveur du développement de la recherche sur les cellules souches, dans l'espoir de pouvoir remarcher un jour.

Vivre ensemble 2

Questions *de* réflexion

1. Avez-vous déjà entendu parler de la brebis Dolly ? Expliquez votre réponse.

   _____

   _____

2. Avez-vous déjà entendu parler d'un clone humain ? Expliquez votre réponse.

   _____

   _____

3. À votre avis, le clonage devrait-il être pratiqué en toute liberté ? Expliquez votre réponse.

   _____

   _____

4. Selon vous, pourquoi le clonage est-il un sujet controversé ?

   _____

   _____

5. Quel lien pouvez-vous faire entre le clonage et la liberté ?

   _____

   _____

   _____

6. À votre avis, outre la liberté, quelles autres valeurs peuvent entrer en jeu lorsqu'il est question de clonage ?

   _____ _____ _____

   _____ _____ _____

   _____ _____ _____

7. Notez une question que soulève chez vous la lecture des pages 147 et 148.

   _____

   _____

Dossier 10 • Permettre le clonage humain ?

ACTION !

Dans le but de prendre conscience du questionnement que soulève le clonage et de réfléchir à la liberté et aux limites de la liberté :

❑ 1. Lisez les textes des pages 151 à 154, afin de bien comprendre ce qu'est le clonage et d'avoir un aperçu du questionnement et de certains points de vue à ce sujet.
    ❑ p. 151, *La technique du clonage*
    ❑ p. 152, *Place à l'éthique !*
    ❑ p. 154, *Les philosophes s'interrogent*

❑ 2. Pour vérifier votre compréhension, faites les activités aux pages 155 et 156.
    ❑ p. 155, *L'ABC du clonage*
    ❑ p. 156, *Lumière sur la philosophie !*

> En cours de lecture, surlignez les mots qui vous semblent importants sur le clonage.

❑ 3. Lisez les textes des pages 157 à 162, afin de connaître différents points de vue et certaines règles du clonage.
    ❑ p. 157, *Wilmut : un scientifique en faveur du clonage*
    ❑ p. 158, *Khan : un scientifique contre le clonage*
    ❑ p. 159, *Les traditions religieuses et le clonage*
    ❑ p. 162, *Des romans qui font réfléchir*

❑ 4. Pour vérifier votre compréhension, faites les activités des pages 163 à 165.
    ❑ p. 163, *Rats de laboratoire*
    ❑ p. 164, *La religion et le clonage*
    ❑ p. 165, *Ma vie en clone*

> Au besoin, consultez la Boîte à outils, à la page 208.

❑ 5. Afin de vous préparer à participer à un panel au sujet du clonage, faites l'activité *Faudrait-il permettre le clonage humain ?*, à la page 166.

❑ 6. Pour faire le bilan du dossier, faites l'activité des pages 167 et 168.

Éléments du programme travaillés

Compétence disciplinaire 1 :
Réfléchir sur des questions éthiques.
Thème :
La liberté.
Contenu :
Des réflexions sur la liberté ; des limites à la liberté.
Compétence disciplinaire 2 :
Manifester une compréhension du phénomène religieux.
Thème :
Le patrimoine religieux québécois.

Contenu :
Des influences sur les valeurs et sur les normes.
Compétence disciplinaire 3 :
Pratiquer le dialogue.
Forme du dialogue :
Panel.
Moyen pour élaborer un point de vue :
Synthèse.

Moyen pour interroger un point de vue :
Procédés susceptibles d'entraver le dialogue.
Domaine général de formation :
Vivre-ensemble et citoyenneté.
Compétences transversales :
2. Résoudre des problèmes.
4. Mettre en œuvre sa pensée créative.

La technique du clonage

Même si leurs buts sont complètement différents, le clonage thérapeutique et le clonage reproductif utilisent une technique semblable.

- Un ovocyte est prélevé dans l'ovaire d'une femme. L'ovocyte est une cellule sexuelle femelle qui précède le stade d'ovule. Le contenu génétique de cette cellule, situé dans le noyau, est enlevé.

- Une cellule non sexuelle, comme une cellule de la peau, est prélevée sur un donneur ou une donneuse qui désire être cloné ou qui nécessite des cellules saines pour guérir. On extrait l'ADN (l'information génétique) de cette cellule et on l'implante dans l'ovocyte prélevé, à la place du contenu génétique qu'il y avait à l'origine dans cette cellule sexuelle femelle. La nouvelle cellule, ainsi reconstruite, contient maintenant le matériel génétique du donneur ou de la donneuse de la cellule non sexuelle.

- Soumise à un champ électrique, cette nouvelle cellule devrait commencer à se diviser correctement jusqu'à atteindre le stade embryonnaire (environ 100 cellules).

- Au stade embryonnaire, des cellules souches capables de devenir des cellules spécialisées (comme des cellules nerveuses, sanguines, cardiaques, hépatiques) peuvent être prélevées. Ces cellules souches, mises en culture, pourraient se développer et être utilisées, par exemple, pour guérir le donneur ou la donneuse de certaines maladies.

- Au stade embryonnaire, une autre possibilité consiste à implanter l'embryon dans l'utérus d'une mère porteuse. Si tout se déroule bien, la mère porteuse peut, après neuf mois, donner naissance à un enfant clone du donneur ou de la donneuse, qui a fourni la cellule non sexuelle contenant l'information génétique qui a été utilisée.

Le clonage thérapeutique

Le clonage thérapeutique a pour but de produire des <u>cellules souches</u> capables de donner naissance, après division, à des cellules de différents types. Ces cellules permettraient, vraisemblablement, de guérir certaines maladies graves jusqu'ici incurables, tels l'alzheimer, le parkinson, le diabète ou le cancer.

Le clonage reproductif

Le clonage reproductif a pour but de créer un embryon qui, implanté dans l'utérus d'une mère porteuse, reproduirait un être vivant tout à fait identique.

Cellule souche :

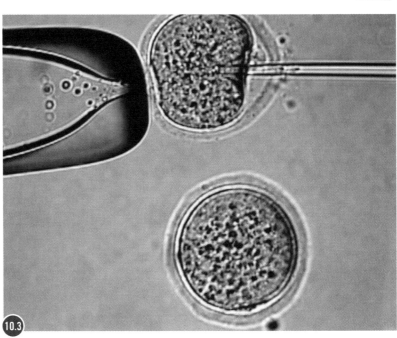

10.3

Manipulations pour le clonage thérapeutique.

Dossier 10 · Permettre le clonage humain ?

Place à l'éthique !

Depuis plusieurs années, l'éthique est au cœur des préoccupations de la communauté scientifique du Canada. Bien avant l'entrée en vigueur de la loi sur le clonage, en 2004, des comités responsables de faire respecter les normes et valeurs éthiques en recherche ont été constitués.

Santé Canada : un exemple

En 2002, le ministère fédéral de la Santé, appelé Santé Canada, a mis sur pied le Comité d'éthique de la recherche (CER). Ce comité a pour mission de scruter toutes les recherches sur les êtres humains faites par ou pour Santé Canada, ou financées par Santé Canada. Le CER s'assure que les chercheurs respectent les normes établies quand ils font des expériences sur les êtres humains et que les sujets sont traités correctement et protégés contre toute forme d'abus ou de désagrément. Le CER peut refuser, accepter, stopper ou modifier les projets de recherche qu'il analyse.

Les principes du Comité d'éthique de la recherche

Voici les principes sur lesquels reposent les analyses du CER. Ces principes sont des valeurs et des normes que la communauté scientifique doit respecter.

10.4
Ribambelle d'êtres humains, découpée dans du papier.

Sujet :

1. Le respect de la dignité humaine : ce principe vise à protéger physiquement et psychologiquement les sujets.

2. Le respect du consentement libre et éclairé : ce principe fait en sorte que les sujets sont en droit de connaître toute l'information sur le projet de recherche avant d'accepter d'y participer.

3. Le respect des personnes vulnérables : ce principe protège les enfants et les personnes malades ; il leur assure bienveillance, solidarité et justice.

4. Le respect de la vie privée et de la confidentialité : ce principe protège l'accès aux renseignements personnels.

5. Le respect de la justice et de l'intégration : ce principe exige que les projets de recherche soient évalués de façon équitable et impartiale, sans qu'aucun ne soit favorisé.

6. L'équilibre des avantages et des inconvénients : ce principe veut qu'il y ait un rapport intelligent entre les inconvénients qui pourraient ressortir en cours de recherche et les avantages que peut en tirer le sujet.

7. La réduction des inconvénients : ce principe empêche les scientifiques d'exposer le sujet à des risques et à des tests inutiles.

8. L'optimalisation des avantages : ce principe veut que la recherche donne les meilleurs résultats possible, autant pour le bien des individus et de la société que pour l'enrichissement des connaissances.

Source : Comité d'éthique de la recherche Santé Canada [en ligne]. (Consulté le 12 avril 2008.)

© **ERPI** Reproduction interdite

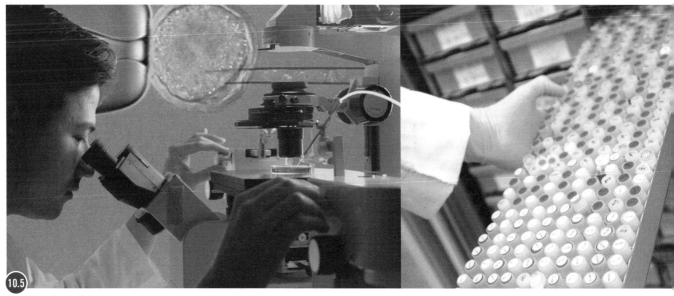

(10.5) Des chercheurs à l'œuvre.

La loi canadienne sur le clonage

Le clonage humain est interdit au Canada depuis le 29 mars 2004 avec la Loi concernant la procréation assistée et la recherche connexe. C'est en fait la première loi canadienne en matière de clonage d'êtres humains, de cliniques de fertilité et de procréation humaine assistée. Ses trois objectifs principaux sont :

• interdire certaines activités inacceptables, telles que le clonage humain ;

• protéger la santé et assurer la sécurité des Canadiennes et des Canadiens qui ont recours à la procréation assistée pour fonder leur famille, en réglementant les pratiques acceptables ;

• s'assurer que la recherche connexe sur la procréation assistée, qui permettrait de trouver des traitements de l'infertilité et d'autres maladies, se déroule dans un cadre réglementé.

Source : Recherche sur la procréation assistée, le clonage humain et les cellules souches, Santé Canada [en ligne]. (Consulté le 28 mars 2008.)

(10.6) Des étudiants en médecine assistent attentivement à un cours d'éthique.

Dossier 1○ • Permettre le clonage humain ?

Les philosophes s'interrogent

Une réponse à la stérilité ?

De quel droit empêcherait-on un individu de se reproduire lui-même ?

Plusieurs couples stériles qui ont connu l'échec avec les techniques de reproduction existantes rêvent du clonage reproductif. Grâce à la technique du clonage, même une personne stérile pourrait se reproduire. De quel droit les en empêcher ?

Selon des penseurs, le clonage devrait se faire avec le consentement du donneur de la cellule contenant l'information génétique. Sinon, des situations aberrantes pourraient survenir. Imaginez que quelqu'un subtilise un cheveu d'une célébrité et qu'il utilise une des cellules de ce cheveu à des fins de clonage. Sans le savoir, cette vedette aurait un double. Imaginez leur rencontre !

Pareil, différent ?

Qu'advient-il du respect de l'unicité de l'individu ?

Chaque personne est unique. C'est là une caractéristique fondamentale de l'humain, pour certains penseurs. Comme un clone est la copie d'un individu, l'humain cloné perd automatiquement son caractère unique.

Utiliser un être vivant ?

Un enfant clone remplit-il une fonction purement utilitaire ? Est-il vivant uniquement à cause de l'égoïsme de son parent ?

Ces questions que les penseurs se posent s'appliqueraient, par exemple, dans le cas de parents inconsolables qui souhaiteraient avoir un clone de leur enfant, mort subitement. Le clonage serait-il justifié ? Plusieurs personnes le clament haut et fort : laissons la nature suivre son cours ! Utiliser un clone pour des intérêts personnels, c'est faire de l'instrumentalisation.

Qui est quoi ?

Qui est le fils de qui ? La sœur de qui ? Ou le jumeau de qui ?

Le clonage fait réfléchir sur les liens de filiation, c'est-à-dire sur les liens de descendance, sur les liens entre les parents et leurs enfants. Où s'inscrivent les donneurs et les clones dans la famille ? Le donneur est-il le père de son clone, puisqu'il lui donne la vie ? Le donneur et le clone sont-ils frères, puisqu'ils ont l'information génétique provenant des mêmes parents ? Certains penseurs considèrent le clonage comme une menace à la filiation et craignent que les liens entre les individus deviennent incompréhensibles.

Manifestation anti-clonage.

L'ABC du clonage

pages 151 à 153

1. Quelle est la différence entre le clonage thérapeutique et le clonage reproductif ?

Le clonage reproductif		**Le clonage thérapeutique**
_____		_____
_____	alors que	_____
_____		_____
_____		_____

2. a) En quelle année la Loi concernant la reproduction assistée et la recherche connexe est-elle entrée en vigueur ?

_____

b) Inscrivez les mots clés qui résument chacun des trois objectifs de la Loi.

_____

_____

_____

3. La recherche scientifique place l'éthique au cœur de ses préoccupations dans l'intention de protéger les humains qui participent à la recherche. Entourez les mots qui correspondent le mieux à l'idée que vous vous faites de l'éthique en recherche.

Respect des droits et devoirs

Liberté de choisir

Droit à la liberté de quitter le laboratoire

Honnêteté

Tests inutiles

Pouvoir de l'argent

Risque

Droit à des conditions justes et raisonnables en laboratoire

Hiérarchie sociale

ÉTHIQUE EN RECHERCHE

Justice

Respect de la dignité humaine

Bienveillance

Protection des enfants

Silence

Abus

Profit

Droit de dénoncer

Protection des renseignements personnels

Liberté d'expression

Solidarité

Lumière sur la philosophie !

page 154

1. Le clonage reproductif permettrait aux personnes stériles de se reproduire. Quelle recommandation les philosophes formulent-ils quant au droit de se reproduire ?

   _____

   _____

   _____

   _____

2. Que signifie « faire de l'instrumentalisation » dans le contexte du clonage ?

   _____

   _____

   _____

   _____

3. Comment le clonage est-il une menace au principe de l'unicité des personnes ?

   _____

   _____

   _____

   _____

4. Comment le clonage sème-t-il la confusion en ce qui a trait à la filiation ?

   _____

   _____

   _____

   _____

5. Lequel des enjeux éthiques abordés par les philosophes vous préoccupe le plus ? Expliquez votre réponse en donnant deux valeurs qui vous tiennent à cœur.

   _____

   _____

   _____

   _____

   _____

Wilmut : un scientifique en faveur du clonage

Ian Wilmut est un biologiste bien connu. Il est le père scientifique de la brebis Dolly. C'est lui qui dirigeait l'équipe de recherche qui a mis au monde le premier clone animal. Dans son livre intitulé *Après Dolly*, publié en 2006, Ian Wilmut parle de ses recherches sur les techniques de reproduction. Quelle est sa position face au clonage ? Il s'oppose au clonage reproductif dans le but de créer des bébés mais est un fervent partisan du clonage thérapeutique.

La santé avant tout

Par ses recherches sur le clonage, Ian Wilmut espérait trouver une façon de guérir son père de la maladie qui l'avait rendu aveugle : le diabète. Les avancées en matière de clonage thérapeutique démontrent l'obligation d'une réflexion éthique d'une grande importance au sujet de l'accès aux soins. En effet, pour guérir les 170 millions de diabétiques de la planète, il faudrait utiliser tout autant d'ovules. Ce qui est impossible. Il faut donc conclure que le clonage thérapeutique ne sera jamais un traitement de masse.

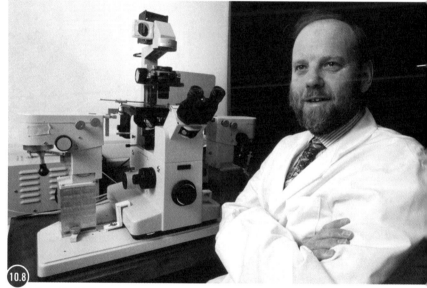

10.8 Ian Wilmut (1944-).

Qui commencera ?

À un certain moment au cours de ses recherches, l'équipe de Ian Wilmut a obtenu environ 2000 ovules qui n'avaient pas été utilisés dans une clinique de fertilité de Newcastle, en Angleterre. Si, dans un cas comme celui-là, 100 ovules pouvaient servir à la guérison de 100 diabétiques, qui seraient les diabétiques choisis ? Les plus riches ? Malgré un tel questionnement éthique, Ian Wilmut, qui travaille aujourd'hui comme professeur à l'université d'Édimbourg, reste ferme : mieux vaut guérir 100 diabétiques qu'aucun. Il croit ardemment que des solutions à la stérilité et à la maladie pourront être trouvées grâce au clonage thérapeutique.

Khan : un scientifique contre le clonage

Axel Khan est un célèbre généticien français. Il est directeur de l'institut Cochin de génétique moléculaire, à Paris. Axel Khan s'oppose radicalement à toute forme de clonage. Selon lui, autoriser le clonage thérapeutique ouvrirait la porte au clonage reproductif.

> Pour en savoir plus sur la génétique moléculaire, consultez le compagnon Web *Vivre ensemble* :
> **www.erpi.com/vivreensemble.cw**

« Le clonage reproductif est une atteinte au droit de l'homme, un crime contre l'un des fondements de son humanité. Or, le clonage reproductif donnerait à certains le pouvoir de décider ce que sera l'image d'un autre. En quelque sorte, accepter le clonage est se résoudre à un monde où existeraient des fabricants d'hommes et des hommes fabriqués. »

Source : Axel KHAN dans Jean-Claude GUILLEBAUD, « L'histoire d'un crime », *La Vie*, nº 2994, 16 janvier 2003 p. 36.

Un commerce indigne

Utopie : _____

Axel Khan anticipe l'idée que des gens pourraient prendre la liberté de vendre ou d'acheter des embryons et des ovules au même titre qu'on vend et qu'on achète des pommes et des carottes. Le marché du matériel humain est nécessaire pour faire avancer les recherches sur le clonage. Si le clonage prenait plus de place en laboratoire, ce marché gagnerait en importance. Selon Axel Khan, tout cela constitue une atteinte à la dignité humaine.

Des provisions humaines

Selon Axel Khan, on ne devrait pas permettre de créer des clones à des fins utilitaires, même pour guérir un individu. L'idéal serait de mener deux batailles distinctes contre les formes de clonage : une contre le clonage thérapeutique, l'autre contre le clonage reproductif. Toutefois, vouloir faire interdire les deux est une utopie car les recherches sont déjà trop avancées. Toutefois, des solutions de rechange au clonage thérapeutique existent : il y a, entre autres, l'utilisation de cellules souches d'embryons surnuméraires. Les embryons surnuméraires sont des embryons qui proviennent de fécondations en laboratoire et qui sont voués à la destruction.

10.9 Axel Khan (1944-).

Les traditions religieuses et le clonage

Les traditions religieuses adoptent des positions bien différentes au sujet du clonage. La majorité d'entre elles condamnent le clonage reproductif. Par contre, pour le clonage thérapeutique, les avis sont partagés. Les divergences d'opinion sur le clonage commencent avec les différentes réponses à la question suivante : Quand la vie commence-t-elle ?

Des valeurs sacrées

« Les religions attribuent toutes à un phénomène supérieur la création de la vie et de l'être humain. Pour elles, vie et être humain sont donc des valeurs sacrées que nous devons respecter. Bien sûr, les religions ne promulguent pas des lois que doivent suivre les citoyens de nos sociétés, mais des lois spirituelles que doit suivre chaque fidèle dans sa pratique religieuse. »

Source : Philippe ANDRIEU, *Les scientifiques sont-ils fous ? Clonage et manipulation du vivant*, Paris, Éditions Autrement junior, 2004, p. 38.

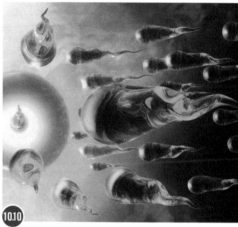

10.10 La fécondation : union d'un spermatozoïde avec un ovule.

Le catholicisme

De toutes les Églises, c'est l'Église catholique romaine qui tient la position la plus ferme. Les catholiques refusent toute manipulation de l'embryon humain. Pour eux, la vie commence dès la conception, c'est-à-dire au moment de la fusion de l'ovule et du spermatozoïde. Ils rejettent toute expérience sur les embryons, et, de ce fait, le clonage thérapeutique et le clonage reproductif. L'Église catholique interroge ses fidèles : Sommes-nous libres de transformer une personne sans sa permission ? La réponse est claire : Non. Pour les objets, cela se fait, mais pas pour l'embryon car il est bel et bien déjà un être humain. Il doit rester intact.

10.11 *Le Devoir*, **10 mars 2008, B6.** Récemment, l'Église catholique a réaffirmé sa position au sujet du clonage : elle est contre. Pour elle, les manipulations génétiques sont une forme de péché.

Le protestantisme

Le protestantisme est la religion qui fait preuve de la plus grande ouverture à l'égard du clonage et des manipulations sur les embryons. Toutes les manipulations sur l'embryon sont permises. Le clonage reproductif de l'être humain est autorisé par certaines Églises protestantes. D'autres Églises s'y opposent fermement.

Un rapport commandé par certaines Églises protestantes américaines sur le protestantisme et le clonage révèle que l'avenir de l'humanité est une préoccupation centrale pour le protestantisme. Le chrétien protestant est libre dans sa vie et a droit à la liberté scientifique.

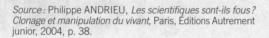

« Dans la majorité des cas, les manipulations sur l'humain sont admises si une vie est en jeu ou si la science peut réaliser des progrès bénéfiques pour le reste de l'humanité. »

Source : Philippe ANDRIEU, *Les scientifiques sont-ils fous ? Clonage et manipulation du vivant,* Paris, Éditions Autrement junior, 2004, p. 38.

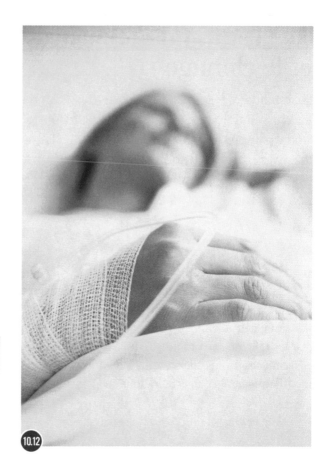

10.12

Le judaïsme

Le judaïsme recommande de respecter la loi naturelle et divine. Malgré cette recommandation, il accepte les manipulations sur l'embryon, à condition qu'elles soient faites avant le quarantième jour. Le clonage reproductif est également autorisé quand il remédie à un problème dangereux ou à la stérilité. Ces paroles du rabbin Alain Goldman, qui est une référence mondiale en ce qui concerne le judaïsme, jette un éclairage supplémentaire sur la position de cette tradition religieuse :

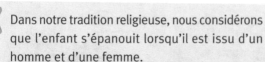

« Dans notre tradition religieuse, nous considérons que l'enfant s'épanouit lorsqu'il est issu d'un homme et d'une femme. »

Source : Philippe ANDRIEU, *Les scientifiques sont-ils fous ? Clonage et manipulation du vivant,* Paris, Éditions Autrement junior, 2004, p. 39.

10.13

Vivre ensemble 2

L'islam

L'islam refuse catégoriquement le clonage reproductif. Toutefois, il accepte les manipulations sur les embryons et le clonage thérapeutique dans les cas extrêmes : lorsqu'une vie est en jeu. Dalil Boubakeur, le réputé imam de la mosquée de Paris, affirme :

« [...] pour l'islam, la vie est un don de Dieu. Dieu donne la vie et la reprend. Il l'insuffle dès les premiers instants de la création, et donc dès le stade embryonnaire. Avec le clonage, l'embryon est créé par des procédés artificiels. Cela viole la loi de Dieu et cela viole la loi humaine. »

Source : Philippe ANDRIEU, *Les scientifiques sont-ils fous ? Clonage et manipulation du vivant*, Paris, Éditions Autrement junior, 2004, p. 39.

Le bouddhisme

Le bouddhisme accepte le clonage reproductif et refuse le clonage thérapeutique. En d'autres termes, cloner un être humain est admissible, à condition de ne pas toucher son code génétique. Pour les bouddhistes, la vie a une valeur sacrée. Tout être humain mérite la vie, peu importe comment il l'obtient. En règle générale, les chefs spirituels bouddhistes s'objectent à la réalisation d'expériences sur les embryons car elles causent leur destruction. C'est pour cette raison que le clonage thérapeutique est condamné.

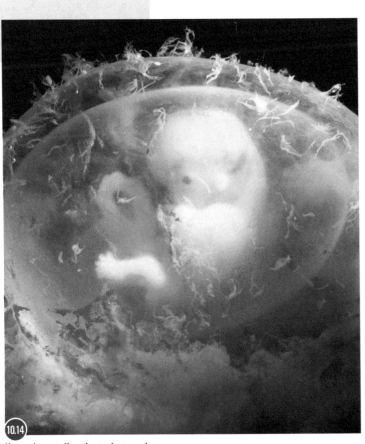

10.14 Un embryon d'environ six semaines.

L'hindouisme

L'hindouisme comprend un très grand nombre de groupes religieux. Il ne peut pas parler d'une seule voix sur la question. « À la mission hindoue du Canada, on préférait prendre un peu de recul face aux nouvelles technologies de reproduction. Le clonage nous semble contre nature. »

Source : *La Presse*, 29 décembre 2002.

Des romans qui font réfléchir

Frère et clone

Jonas découvre qu'il a un frère. Mais ce frère est un clone. Lorsque Jonas a un accident qui lui fait perdre la vue, il la recouvre grâce à une greffe des yeux. C'est à ce moment-là que son père lui apprend une nouvelle plutôt surprenante. Il a un clone, et ce sont ses yeux qui lui ont été greffés.

Une image surgit soudain, celle de son clone étendu comme lui sur un lit d'hôpital, avec un pansement sur les yeux. Mais lui aura définitivement perdu la vue quand on ôtera son pansement. Il se demande si son clone risque de souffrir d'être aveugle.

5 Naturellement, Jonas a appris à l'école que les clones sont des êtres tout à fait différents des hommes. Ils sont semblables apparemment, ils sont même identiques à l'homme dont ils servent à préserver la santé. Cependant, on ne connaît pas plus leur vie affective que celle des chimpanzés. Ou des chats. Ils ont des

10 sentiments bien sûr, mais pas des sentiments humains. Ilka dirait sans doute que les clones ont aussi une âme. Or elle prétend la même chose de ses deux chats! Ce n'est pas un concept scientifique!

Source : Extrait de *Jonas 7 : Clone,* Birgit RABISCH, Hachette jeunesse, tiré de Philippe ANDRIEU, *Les scientifiques sont-ils fous? Clonage et manipulation du vivant,* Paris, Éditions Autrement junior, 2004.

D'où est-ce que je viens?

Lorsque leur fils David meurt brutalement à 10 ans, Andrew et Geena acceptent que leur enfant soit cloné. Neuf mois plus tard, au cours d'une étrange cérémonie dans la communauté qui a procédé au clonage, David naît. Il a 10 ans le jour de sa naissance.

– On dirait qu'il se réveille.

David gémit. Les échos de cette voix féminine se répercutaient dans les sombres recoins de son esprit balbutiant. Les bruits devenaient de plus en plus précis à mesure qu'il reprenait conscience. Les formes, elles aussi, s'affinaient. Il remontait vers la surface.

5 Pareil à une bulle longtemps emprisonnée sous l'eau. Son cerveau fourmillait de picotements.

– David ?

– David mon chéri...

Il y avait un homme et une femme au-dessus de lui. Derrière eux,

10 il distinguait une fille, et derrière encore un autre homme aux cheveux courts et gris.

Qui étaient ces gens ?

L'enfant avait beau sonder son esprit, il n'y trouvait rien. Que du vide.

15 *Source :* Extrait de *Petit frère,* Christophe LAMBERT, Mango Jeunesse, tiré de Philippe ANDRIEU, *Les scientifiques sont-ils fous? Clonage et manipulation du vivant,* Paris, Éditions Autrement junior, 2004.

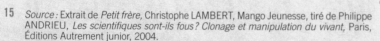

Rats de laboratoire

pages 157 et 158

1. Ian Wilmut a affirmé : « Mieux vaut guérir 100 diabétiques qu'aucun. » Quelle question éthique une telle affirmation engendre-t-elle ? Expliquez votre réponse.

_____

_____

_____

2. Axel Khan parle de dignité humaine. Définissez-la dans vos propres mots et donnez au moins un exemple d'une question éthique en lien avec cette valeur.

_____

_____

_____

3. Voici une liste de mots. Associez chaque mot au scientifique qui a abordé le sujet : Ian Wilmut ou Axel Khan.

	Ian Wilmut	**Axel Khan**
Solution à la stérilité	_____	_____
Dignité humaine	_____	_____
Cellule souche	_____	_____
Dolly	_____	_____
Hommes fabriqués	_____	_____
Guérison du diabète	_____	_____
Achat d'ovules	_____	_____
Marché du matériel humain	_____	_____
Arrêter le clonage	_____	_____
Fabriquant d'hommes	_____	_____
Guérison	_____	_____
Pousser le clonage thérapeutique	_____	_____

4. À la pensée de quel chercheur adhérez-vous le plus ? Expliquez votre réponse.

_____

_____

_____

Dossier 10 • Permettre le clonage humain ?

La religion et le clonage

pages 159 à 161

1. « Quand commence la vie ? » Selon vous, pourquoi cette question est-elle fondamentale par rapport au clonage ?

_____

_____

_____

2. Quelle différence y a t-il entre une loi spirituelle et une loi imposée par l'État ? Incluez le mot « libre » ou « liberté » dans votre réponse.

_____

_____

3. Sur quelles valeurs sacrées repose le point de vue des traditions religieuses au sujet du clonage ?

_____   _____

4. Pourquoi l'Église catholique s'oppose-t-elle au clonage ?

_____

_____

5. À quelles conditions le clonage est-il accepté par les protestants ?

_____

_____

6. À quelles conditions le clonage est-il accepté dans le judaïsme ?

_____

_____

7. À quelle condition le clonage thérapeutique est-il accepté dans l'islam ?

_____

_____

8. a) Pourquoi les bouddhistes acceptent-ils le clonage reproductif ?

_____

_____

b) Pourquoi refusent-ils le clonage thérapeutique ?

_____

_____

10. Ce tableau vous permet de faire la synthèse des divers points de vue qu'adoptent les grandes religions sur le clonage. Remplissez-le correctement en y inscrivant « pour » ou « contre », dans l'espace approprié. Ajoutez une astérisque (*) pour signifier : Dans certains cas.

Voir la Boîte à outils, à la page 210.

Tableau comparatif des traditions religieuses

Traditions religieuses	Clonage reproductif	Clonage thérapeutique
Catholicisme		
Protestantisme		
Islam		
Judaïsme		
Bouddhisme		
Hindouisme		

Ma vie en clone

page 162

1. Relisez l'extrait « Frère et clone ». Écrivez trois questions éthiques que soulève la lecture de cet extrait. Dites quelle valeur est mise en jeu dans chacune.

Questions	Valeurs
_____	_____
_____	_____
_____	_____

2. Relisez l'extrait « D'où est-ce que je viens ? » Écrivez trois questions éthiques que soulève la lecture de cet extrait. Dites quelle valeur est mise en jeu dans chacune.

Questions	Valeurs
_____	_____
_____	_____
_____	_____

Dossier 10 · Permettre le clonage humain ?

Faudrait-il permettre le clonage humain ?

Imaginez que vous vous préparez à un panel portant sur le clonage humain. En tant qu'expert dans le domaine, vous devez faire une recommandation pour ou contre l'utilisation de la technique du clonage humain dans l'une des deux situations présentées à la page 148, au début de ce dossier.

Choisissez un des deux textes de la page 148.

Titre de la situation choisie : _____

1. Décrivez le cas que vous avez choisi et mettez-le en contexte.

   _____

   _____

   _____

2. De quel type de clonage est-il question ? _____

3. Recommandez-vous le recours au clonage ? _____

4. Justifiez votre recommandation en donnant au moins trois arguments. Chaque argument doit se rattacher à un élément contenu dans les textes du dossier. Trouvez des arguments solides, ne tombez pas dans les pièges susceptibles de nuire au dialogue.

   Au besoin, consultez la Boîte à outils, aux pages 213 à 216.

   1er argument : mot clé : _____

   justification : _____

   _____

   _____

   2e argument : mot clé : _____

   justification : _____

   _____

   _____

   3e argument : mot clé : _____

   justification : _____

   _____

   _____

5. Quelles sont les valeurs les plus importantes pour vous, dans votre point de vue ?

   _____

Bilan du dossier 10

Dans ce dossier, vous avez pris conscience des <u>enjeux éthiques</u> en lien avec le clonage humain, tant chez les scientifiques et les philosophes que dans les traditions religieuses. Vous avez également réfléchi aux diverses <u>valeurs</u> mises en cause dans le clonage : la liberté, le droit à la vie ou le respect de l'ordre naturel des choses. Au cours des activités, vous avez examiné plusieurs <u>repères</u> : la position de différentes traditions religieuses, l'opinion des scientifiques et les questions soulevées par les philosophes.

1. Après avoir lu ce dossier, croyez-vous que les êtres humains sont libres de faire toutes les expériences scientifiques possibles ? Expliquez votre réponse.

   _____

   _____

   _____

   _____

   _____

2. Est-ce que cela vous étonne de constater la diversité des points de vue des traditions religieuses sur le clonage humain ? Expliquez votre réponse.

   _____

   _____

   _____

   _____

3. Expliquez la différence entre un panel et un débat.

   _____

   _____

   _____

   _____

4. Ce que vous avez vu dans ce dossier a-t-il modifié votre opinion sur le clonage humain et votre vision du monde ?

   _____

   _____

   _____

   _____

5. De nombreuses mesures sont prises au Canada et ailleurs dans le monde pour s'assurer du bon traitement fait au sujet pendant la recherche. On pense aux divers comités d'éthique de la recherche. À votre avis, devrait-on abolir ces comités et laisser le champ libre aux chercheurs ? Expliquez votre réponse.

_____

_____

_____

_____

_____

6. Avez-vous trouvé une réponse à la question que vous vous posiez avant de lire le dossier (question n° 7, à la page 149) ? Expliquez votre réponse.

_____

_____

_____

_____

7. Nommez un élément du dossier que vous avez trouvé particulièrement intéressant. Expliquez votre réponse en indiquant comment cet élément vous aidera à mieux comprendre notre société.

_____

_____

_____

_____

10.15 10.16

Ce sont deux couples de jumelles : des clones naturels.

Boîte à outils

1. Réfléchir sur des questions éthiques

Pour se familiariser avec la diversité des valeurs et des normes présentes dans la société québécoise d'aujourd'hui.

Comment ANALYSER une situation d'un point de vue éthique

Décrire et **mettre en contexte**
la situation à analyser

- De quoi s'agit-il?
- Quelles personnes ou quels organismes font partie de la situation? Quel est leur rôle?
- Cette situation est-elle un sujet d'actualité? Soulève-t-elle les discussions depuis longtemps?
- La situation concerne-t-elle le Québec, le Canada ou un autre pays du monde?
- Quelles sont les causes et les conséquences de cette situation?

Pour décrire, expliquer et comparer, voir les pages 209 et 210.

Expliquer des tensions
ou des conflits de valeurs

- Quels aspects de cette situation mènent à la discussion ou opposent des valeurs?
- Quelles sont les causes ou les origines de ces tensions ou de ces conflits de valeur?

Formuler une question éthique
se rapportant à la situation étudiée

- Quelles sont les valeurs et les normes présentes dans cette situation?
- Rédigez une phrase ou une question qui suscite la réflexion sur la situation.

Comparer la situation à
d'autres situations similaires

- Connaissez-vous des situations qui ressemblent à celle que vous analysez?
- Consultez des camarades, vos parents, des personnes-ressources, des journaux, des revues et Internet.
- Résumez les situations en quelques mots (brève description, contexte, valeurs en cause).
- Trouvez les éléments comparables. Quelles sont les différences et les ressemblances entre les situations?

Comparer des points de vue

- Connaissez-vous des points de vue différents sur le même sujet?
- Consultez des camarades, vos parents, des personnes-ressources, des journaux, des revues et Internet.
- Notez quelques mots clés résumant le point de vue et les raisons qui le justifient.
- Trouvez les éléments que vous pouvez comparer. Quelles sont les différences et les ressemblances entre les points de vue?

Vivre ensemble 1

Trouver les principaux repères présents dans différents points de vue

- Quels liens pouvez-vous faire entre certains éléments présents dans les points de vue ? Par exemple :
  - des coutumes, des façons de vivre, des façons de se comporter dans une société, des œuvres d'art, des textes publiés ;
  - des valeurs morales ;
  - des règles religieuses ;
  - des preuves scientifiques ;
  - des valeurs mises en avant dans la société, dans les institutions.

Considérer d'autres repères

- Y a-t-il d'autres liens que vous pouvez faire avec des coutumes, des valeurs, des règles religieuses, des preuves scientifiques, des valeurs sociales ?
- Quels sont le rôle et le sens de ces repères ?

Comparer le sens des principaux repères dans différents contextes

- Quels repères sont les plus pertinents par rapport à la situation ?
- Que se passerait-il si ces repères apparaissaient dans d'autres situations ?
- Faites ressortir les différences et les ressemblances pour chaque repère, selon le contexte dans lequel il se trouve.

Rechercher le rôle et le sens des principaux repères

- Quel rôle joue chaque repère ?
- Pourquoi est-il utilisé ?
- Dans quel contexte se trouve-t-il ?
- Quelle est la signification de ce repère ? Est-elle religieuse ou culturelle ?

Proposer des options ou des actions possibles

- Que feriez-vous dans une telle situation ?
- Que feraient d'autres personnes, dans cette même situation ?
- Que suggéreraient certains organismes ?
- Quelle serait la position des autorités ?

Sélectionner des options ou des actions qui favorisent le vivre-ensemble

- Quelles solutions favorisent la vie en société ?
- Quelles solutions touchent le plus de gens possible ?
- Quelles solutions sont perçues de manière positive ?
- Quelles solutions sont rassembleuses ?

Faire un retour sur la façon dont on est parvenu à ces choix

- L'analyse de la situation a-t-elle été faite correctement ?
- Auriez-vous pu faire autrement ?
- Avez-vous examiné suffisamment de repères ?
- Auriez-vous pu trouver d'autres réponses ?
- Établissez une liste des points forts et des points faibles de votre démarche.

Examiner des effets de ces options ou actions sur soi, sur les autres ou sur la situation

- Quelles seraient les conséquences sur vous-même ?
- Quelles seraient les conséquences sur les autres ?
- Quelles seraient les conséquences sur la situation ?

Boîte à outils

2. Manifester une compréhension du phénomène religieux

Pour mieux connaître les différentes traditions religieuses de la société québécoise et du monde entier, d'hier à aujourd'hui.

Comment ANALYSER des expressions du religieux

Décrire et **mettre en contexte** des expressions du religieux à analyser

- De quelle expression du religieux s'agit-il ?
- Avec quelle personne ou quel groupe de personnes cette expression du religieux a-t-elle un lien ?
- Cette expression du religieux est-elle traditionnelle ou moderne ?
- Cette expression du religieux concerne-t-elle le Québec, le Canada ou un autre pays du monde ?
- Comment cette expression du religieux fait-elle partie de la vie quotidienne ? À quelle occasion entre-t-elle en scène ?
- Fait-elle partie de votre environnement ? Où se trouve-t-elle ?

Rechercher la signification et la fonction des expressions du religieux

- Que représentent ces expressions du religieux ?
- Quelle est leur origine ?
- Quel est le sens de ces expressions du religieux ?
- Quel rôle jouent-elles ?
- Quelles sont les valeurs représentées par ces expressions du religieux ?
- Est-ce qu'il s'agit de règles morales ou de normes ?

Faire un retour sur vos découvertes et vos explications

- L'analyse de l'expression du religieux a-t-elle été faite correctement ?
- Auriez-vous pu faire autrement ?
- Avez-vous examiné suffisamment d'expressions du religieux ?
- Résumez en vos propres mots ce que vous avez appris sur les expressions du religieux.

Établir des liens entre ces expressions du religieux et différentes traditions religieuses

- À quelle tradition religieuse appartiennent ces expressions du religieux ?
- Ressemblent-elles à d'autres expressions du religieux ?
- Ont-elles des points communs avec des expressions du religieux d'autres traditions ?
- Quelles sont les différences et les ressemblances entre ces expressions du religieux ?

Comment ÉTABLIR DES LIENS entre des expressions du religieux et l'environnement social et culturel

Repérer des expressions du religieux dans l'espace et dans le temps

- Dans quelle partie du monde, dans quel environnement se trouvent les expressions du religieux ?
- À quel moment se manifestent les expressions du religieux ?
- Ces expressions existent-elles depuis longtemps ?

Rattacher des expressions du religieux à des éléments de l'environnement social et culturel d'ici et d'ailleurs

- Quel objet, signe, symbole, rite, fête, œuvre d'art à caractère religieux retrouvez-vous autour de vous ? dans le paysage culturel du Québec ? ailleurs ?
- Les expressions du religieux peuvent-elles être associées à des éléments culturels, comme des traditions, des arts, des façons de faire les choses ?

Rechercher la signification et la fonction des expressions du religieux dans la vie des individus et des groupes

- Qu'apportent les expressions du religieux aux individus, aux groupes ?
- À quoi servent-elles ?

Examiner ce qu'elles ont en commun et ce qui les distingue

- Quelles sont les différences et les ressemblances entre ces expressions du religieux ?
- Quelles personnes ou quels groupes sont concernés par ces expressions du religieux ?

Faire un retour sur vos découvertes et vos réflexions

- Maintenant que vous avez établi des liens entre des expressions du religieux et la société, quelles questions vous posez-vous ?
- Qu'avez-vous appris de nouveau ?

Comment EXAMINER une diversité de façons de penser, d'être et d'agir

Étudier diverses façons de penser, d'être ou d'agir à l'intérieur d'une même tradition ou entre plusieurs traditions religieuses

- Comment se vivent les traditions religieuses dans la société d'aujourd'hui ?
- Quels sont les différents comportements, les actions, les gestes et les manières de s'exprimer associés à l'une ou l'autre des traditions religieuses : à la maison ? à l'école ? dans les endroits publics ?
- En quoi ces comportements, actions, gestes et manières de s'exprimer sont-ils semblables ou différents d'une tradition religieuse à l'autre ?

Reconnaître des effets de différents comportements sur la vie en société

- Quels sont les effets, sur la vie en société, des comportements associés aux traditions religieuses ? Favorisent-ils :
  - une ouverture sur les autres ?
  - l'égalité entre les personnes ?
  - le respect et la dignité ?
  - le respect des droits et libertés des personnes ?
  - la protection et l'épanouissement des personnes ?
  - le vivre-ensemble ?

Étudier différentes façons de penser, d'être ou d'agir dans la société

- Quels sont les comportements, les actions, les gestes et les manières de s'exprimer généralement acceptés par la société : à la maison ? à l'école ? dans les endroits publics ?

Boîte à outils

173

3. Pratiquer le dialogue

Pour apprendre à faire progresser le dialogue.

Comment **INTERAGIR** avec les autres

Prendre conscience de ce que l'objet du dialogue suscite en soi

- Comment réagissez-vous au sujet dont il est question ?
- Comment réagissez-vous quand quelqu'un n'est pas d'accord avec votre point de vue ? Est-ce que :
  - cela vous fâche ?
  - son argumentation pique votre curiosité ?
  - vous faites comme si vous ne l'aviez pas entendu ?
  - vous changez d'idée ?
- Les idées des autres doivent-elles nécessairement s'accorder à vos valeurs et à vos croyances ?

Exprimer son point de vue et **écouter attentivement** celui des autres

- Êtes-vous capable d'exprimer votre opinion sur un sujet donné en respectant les autres ?
- Faites-vous l'effort de comprendre les opinions différentes des vôtres ?
- Écoutez-vous attentivement les propos d'une personne pour en décoder le sens ?

Expliquer des points de vue en s'appuyant sur des arguments pertinents et cohérents

- Les points de vue exprimés reposent-ils sur des faits vérifiables ?
- Énoncez-vous vos propos de manière structurée ?
- Évitez-vous les jugements et les procédés susceptibles d'entraver le dialogue quand vous énoncez votre point de vue ?

Rechercher des conditions favorables au dialogue

- Êtes-vous capable de garder le silence lorsqu'une autre personne parle ?
- Posez-vous des questions ?
- Manifestez-vous de l'ouverture et du respect à l'égard de ce qui est exprimé ?
- Prenez-vous le temps de nuancer, d'éclaircir ou de bien exprimer votre point de vue ?
- Évitez-vous les conclusions hâtives, les jugements (voir page 212) et les procédés susceptibles d'entraver le dialogue (voir pages 213 à 218) ?

Formuler des questions de clarification

- Posez-vous des questions lorsque quelque chose ne vous semble pas clair ?
- Les arguments sont-ils logiques ?
- Manque-t-il des informations ?

Mettre en application des moyens pour remédier aux difficultés

- Avez-vous éprouvé des difficultés au moment d'énoncer votre point de vue ?
- Pouvez-vous formuler votre point de vue autrement ?
- Êtes-vous à l'écoute des autres ?
- Vos propos étaient-ils respectueux ?
- Connaissiez-vous assez votre sujet avant d'exprimer votre point de vue ?

Comment ORGANISER sa pensée

Cerner l'objet du dialogue

- De quoi est-il question ?
- Quel est l'objectif de l'activité ?

Faire le point sur ses réflexions

- Êtes-vous capable de résumer en vos propres mots ce que vous avez appris sur le sujet traité ?

Distinguer l'essentiel de l'accessoire dans les points de vue énoncés

- Quelle est l'idée principale de ce point de vue ?
- Quelles sont les idées moins importantes de ce point de vue ?

Établir des liens entre ce qu'on découvre et ce qu'on connaît

- Qu'avez-vous appris ?
- Êtes-vous en mesure d'intégrer ces nouvelles notions à votre apprentissage ?

Comment ÉLABORER un point de vue étayé

Utiliser ses ressources et chercher de l'information sur l'objet du dialogue

- Avez-vous consulté des ouvrages de référence ou des sites Internet fiables pour trouver de l'information ?
- Avez-vous discuté de votre sujet avec vos parents, enseignants, camarades et spécialistes ?
- Avez-vous noté les sources utilisées ?

Valider son point de vue

- Avez-vous vérifié auprès d'une personne que votre point de vue est compréhensible ?
- Avez-vous trouvé de l'information sur votre sujet et votre point de vue dans des ouvrages de référence ?

Envisager différentes hypothèses

- Quels sont les autres points de vue possibles ?

Anticiper des objections et des clarifications à apporter

- Connaissez-vous l'argumentation contraire à la vôtre ?
- Quels points vos camarades pourraient-ils vous demander d'éclaircir ?
- Comment réagissez-vous si quelqu'un est blessé par vos propos ?

Approfondir sa compréhension de différents points de vue

- Quel serait le point de vue contraire au vôtre ?
- Vos propos traitent-ils d'éthique ou de culture religieuse ? Les propos des autres ?
- Quelles sont les différences et les ressemblances entre vos propos et ceux des autres ?

Ébaucher un point de vue

- De quel sujet est-il question ?
- Que connaissez-vous sur le sujet ?
- Comment pouvez-vous aborder ce sujet pour qu'il reflète vos valeurs et vos croyances ?
- Prenez-vous position ? Définissez-vous votre position ?
- Donnez-vous au moins trois arguments appuyant votre position ?
- Quelles sont les valeurs ou les croyances sur lesquelles repose votre point de vue ?

Revenir sur la démarche

- L'analyse de votre point de vue a-t-elle été faite correctement ?
- Auriez-vous pu faire autrement ?
- Avez-vous examiné et compris tous les points de vue possibles ?
- Établissez une liste des points forts et des points faibles de votre démarche.

Boîte à outils

La culture religieuse

Cette partie de la Boîte à outils *propose une vue d'ensemble de quelques-unes des religions du monde qu'on retrouve au Québec. Cette synthèse permet de les situer dans le temps, d'apprendre le nom de leurs fondateurs, leur répartition dans le monde, leurs croyances, leurs rites, leurs fêtes, leurs règles de conduite, leur organisation, leur façon de transmettre la foi, la place qu'elles accordent aux femmes, leur implantation et leur importance relative en fonction de la population de chaque région administrative du Québec.*

Un Dieu, trois religions

Il y a dans le monde trois grandes religions monothéistes : le judaïsme, le christianisme et l'islam. Ces trois religions se réfèrent en effet au même Dieu unique et universel. Qu'il soit appelé Yahvé en hébreu, Dieu en français ou Allah en arabe, il s'agit du même Tout-Puissant, créateur du monde. C'est pour cette raison que le premier être humain à le reconnaître, Abram ou Abraham ou Ibrahim, est qualifié de « Père des croyants ».

On trouve ainsi la parole de Dieu dans les textes sacrés de ces religions, entre autres dans la Torah (judaïsme) dans la Bible (christianisme) et dans le Coran(islam).

B.1

Giovanni Francesco Guercino (1591-1666), *Abraham renvoyant Agar*, détail, peinture.

Chronologie

-30 000 à -15 000	Arrivée des premières populations de chasseurs et de leurs pratiques animistes en Amérique. Fondement des spiritualités amérindiennes.
-1812	Alliance de Yahvé avec Abraham. Fondement du judaïsme.
v. -1500	Début de l'écriture des Veda. Fondement de l'hindouisme.
-1000	Arrivée des premiers ancêtres des Inuits et de leurs pratiques animistes. Fondement de la spiritualité inuite.
-523	Par son éveil, Siddhartha Gautama devient le Bouddha. Fondement du bouddhisme.
v. 65 à v. 120	Récits de la vie, de la crucifixion et de la résurrection de Jésus-Christ. Fondement du christianisme.
610	Le Prophète Muhammad reçoit de Dieu les premières révélations du Coran. Fondement de l'islam.
1517	Critique du christianisme catholique par Martin Luther. Fondement du christianisme protestant.
1529	Rupture d'Henri VIII d'avec l'Église de Rome. Fondement de l'anglicanisme.

Vivre ensemble 1

B.2

Les religions juive, chrétienne et musulmane considèrent toutes Jérusalem comme un lieu saint.

Le christianisme au Québec

À son arrivée en 1534, Jacques Cartier n'a pas seulement planté une croix en terre, mais il y a aussi semé une foi. Cette foi, profondément implantée par les missionnaires, rend en effet possible la colonisation française et catholique en Amérique. Cette religion y a fondé à son tour des paroisses où se sont construites les premières églises. Elle y a créé des écoles, des hôpitaux et de nombreux lieux d'entraides dirigés par les communautés religieuses.

Surtout catholique au début, la société de la colonie a par la suite accueilli les chrétiens protestants et les chrétiens orthodoxes. Ensemble, ils ont contribué à développer le territoire.

Ces trois visages du christianisme ont de grands points en commun : ils croient en un même Dieu et en un même Jésus, fils de Dieu, sauveur du monde. Les trois enseignent l'amour de Dieu et du prochain. Enfin, le baptême et l'eucharistie sont au cœur de leur foi.

La pluralité religieuse

Au Québec, la foi se conjugue au pluriel. En effet, sur ses 7 millions d'habitants, 6 712 400 déclarent appartenir à une religion, de près ou de loin ! Le tableau qui suit fournit les données sur la présence de certaines traditions religieuses au Québec.

B.3 Présence de certaines traditions religieuses au Québec

Tradition religieuse	Population	%
Catholique	5 939 705	83,4
Protestante	335 595	4,7
Orthodoxe chrétienne	100 370	1,4
Musulmane	108 605	1,5
Juive	89 945	1,3
Bouddhiste	41 430	0,6
Hindoue	24 515	0,3
Sikh	8 225	0,1
Autres religions	64 000	0,9
Aucune appartenance religieuse	413 190	5,8
Total	**7 125 580**	**100**

Source : D'après les données fournies par l'Institut de la statistique du Québec, recensement 2001.

Dans les pages suivantes, pour chaque tradition religieuse présentée, un tableau fournit les données par région administrative du Québec.

La carte des régions administratives du Québec se trouve à la page 205.

Boîte à outils

Le catholicisme

Fondateur
Jésus-Christ en est le fondement ; les apôtres et
Paul de Tarse sont les pierres de fondation.

Symbole principal
Le crucifix (où Jésus est en croix).

Nom du divin
Dieu (en trois personnes, Père, Fils et Saint-Esprit).

Nom des croyants
Les catholiques. Principales divisions : catholiques romains,
catholiques de rite byzantin (Ukrainiens, Roumains,
Melkites), catholiques de rite arménien (Arméniens),
catholiques de rite alexandrin (Coptes et Éthiopiens),
catholiques de rite syrien occidental (Maronites, Malankars),
catholiques de rite syrien oriental (Malabars, Chaldéens).

Texte sacré
La Bible (l'Ancien Testament et le Nouveau Testament).

Lieux saints
Tous les lieux importants dans la vie de Jésus sont devenus
des lieux importants pour de nombreux croyants (Bethléem,
Jérusalem, etc.).

Lieux de culte
Église, chapelle, basilique, cathédrale, oratoire.

B.4

La basilique Saint-Pierre de Rome est l'église du pape, chef de
l'Église catholique romaine.

Chronologie

v. 6 avant notre ère	Naissance de Jésus.
v. 30	Crucifixion et résurrection de Jésus-Christ.
45	L'apôtre Paul annonce l'Évangile en Asie Mineure.
v. 50 – 120	Rédaction des Évangiles (Matthieu, Marc, Luc, Jean) et des lettres de Paul.
v. 150	Apparition des premières images du Christ.
v. 320	Fondation du premier monastère.
325	Concile de Nicée où les bases de la foi chrétienne sont établies. On confirme la divinité de Jésus.
381	Concile de Constantinople.
385-406	Traduction de la Bible en latin par Jérôme.
451	Concile de Chalcédoine. On discute de la Trinité (Dieu Père, Fils, et Saint-Esprit). Quelques églises en désaccord quittent l'Église.
529	Création de l'ordre des bénédictins par Benoît de Nursie.
910	Fondation de l'abbaye de Cluny. Mille deux cents autres abbayes seront ensuite créées en deux cents ans.
1054	Séparation entre l'Église catholique et l'Église orthodoxe parce que les Églises de l'Est ne reconnaissaient pas l'autorité du pape.
1209	Fondation par saint François d'Assise de l'ordre des Frères mineurs.
1455	Impression de la première Bible par Gutenberg.
Entre 1541 et 1627	Arrivée des premiers chrétiens en Amérique.
1545-1563	Concile de Trente.
1870	Concile de Vatican I qui proclame l'infaillibilité du pape.
1962-1965	Concile de Vatican II afin de donner un deuxième souffle à l'Église.
1986	Rencontre à Assise entre les responsables des grandes religions du monde.
2005	Élection du pape Benoît XVI.

B.5 Le catholicisme dans le monde

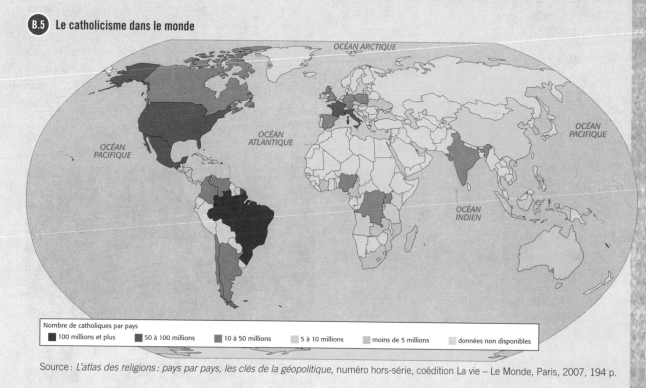

Nombre de catholiques par pays

■ 100 millions et plus   ■ 50 à 100 millions   ■ 10 à 50 millions   5 à 10 millions   moins de 5 millions   données non disponibles

Source : *L'atlas des religions : pays par pays, les clés de la géopolitique,* numéro hors-série, coédition La vie – Le Monde, Paris, 2007, 194 p.

Les croyances

Il existe un seul Dieu, présent partout de toute éternité, créateur de toutes choses. Un Dieu en trois personnes. Dieu aime ses créatures.

Jésus est le fils de Dieu, envoyé pour sauver les êtres humains du péché originel d'Adam et Ève au début du monde.

Jésus, par sa mort et sa résurrection, sauve les hommes de la mort et du péché. Ses deux commandements les plus importants : aimer Dieu, aimer son prochain.

La mère de Jésus, Marie, n'a pas connu le péché (doctrine de l'Immaculée-Conception).

Les rites

L'Église catholique a sept sacrements : le baptême, la confirmation, l'eucharistie, le pardon des péchés ou confession, l'onction des malades, le mariage et l'ordre (où un homme devient prêtre).

Les rites de la mort

Il y a messe à l'église, puis la personne défunte est enterrée dans un cimetière catholique ou incinérée.

B.6 Raphaël (1483-1520), *La résurrection de Jésus*, 16ᵉ s., peinture.

Les fêtes

Elles rappellent les moments importants dans la vie du Christ.

- Noël (25 décembre), commémore la naissance de Jésus.

- Épiphanie (6 janvier), rappelle que Jésus se manifeste au monde.

- Carême (mars-avril), correspond aux 40 jours que Jésus a passé au désert, et où il a subi la tentation.

- Pâques, précédée de la Semaine sainte (mars-avril), pour rappeler la crucifixion et fêter la résurrection de Jésus.

- Pentecôte (mai), commémore le don de l'Esprit-Saint aux apôtres.

Les règles

- Morales : les 10 commandements, les enseignements de Jésus-Christ (aimer Dieu et aimer son prochain), le divorce est interdit.

- Alimentaires : aucune, mais, pendant le carême, les croyants sont invités à se priver, à ne pas manger de viande et à jeûner le mercredi des Cendres et le Vendredi saint.

- Vestimentaires : aucune.

- Médicales : les moyens de contraception dits artificiels et l'avortement sont interdits, mais les moyens de contrôle des naissances dits naturels, le don d'organe et les transfusions sanguines sont permis.

B.7
Le sacrement de l'eucharistie a été institué par Jésus lors de la Cène. La communion rappelle son sacrifice.

L'organisation

L'Église catholique est fortement hiérarchisée. À sa tête se trouve le pape, chef de l'état du Vatican, à Rome. Suivent les cardinaux, les archevêques, les évêques, les prêtres, les moines, et les religieuses. Aucun religieux ne peut être marié.

B.8
Mère Teresa de Calcutta, béatifiée en 2003, a fondé la congrégation des Missionnaires de la charité.

La transmission de la foi

L'Église supporte les missionnaires dans différentes partie du monde. Ceux-ci sont chargés de répandre le message contenu dans les Évangiles.

La place de la femme

Le rôle de la femme dans l'histoire de l'Église a été variable. Marie, vierge et mère, est le modèle de la parfaite féminité. Les femmes ont une place importante, mais ne peuvent devenir prêtres.

B.9 Répartition des catholiques au Québec par région en 2001

Régions administratives	Population totale	Population catholique	%
01 Bas-Saint-Laurent	195 545	188 150	96,2
02 Saguenay–Lac-Saint-Jean	274 315	263 805	96,2
03 Capitale-Nationale	628 515	578 030	92,0
04 Mauricie	249 705	235 925	94,5
05 Estrie	279 705	242 975	86,9
06 Montréal	1 782 830	1 141 170	64,0
07 Outaouais	312 820	262 200	83,8
08 Abitibi-Témiscamingue	144 355	135 645	94,0
09 Côte-Nord	96 895	90 295	93,2
10 Nord-du-Québec	38 495	16 945	44,0
11 Gaspésie–Îles-de-la-Madeleine	95 465	88 595	92,8
12 Chaudière-Appalaches	376 575	358 715	95,3
13 Laval	339 000	274 925	81,1
14 Lanaudière	383 340	358 205	93,4
15 Laurentides	454 525	406 615	89,5
16 Montérégie	1 260 150	1 096 070	87,0
17 Centre-du-Québec	213 345	201 440	94,4
Le Québec	**7 125 580**	**5 939 705**	**83,4**

Source : D'après les données fournies par l'Institut de la statistique du Québec, recensement 2001.

B.10 L'architecture de la cathédrale Marie-Reine-du-Monde à Montréal rappelle celle de Saint-Pierre de Rome.

Le catholicisme au Québec

1534 Jacques Cartier prend possession du territoire en plantant une croix, au nom du Christ et du roi de France.

1615 Première messe catholique sur l'île de Montréal.

1637 Premier baptême d'un Amérindien adulte en Huronie.

1657 Premier évêque de Québec, François-Xavier de Montmorency-Laval.

1847 Inauguration de l'église catholique irlandaise St. Patrick.

1886 Mgr Elzéar-Alexandre Taschereau devient le premier cardinal canadien.

1910 Congrès eucharistique à Montréal, le premier en Amérique.

1910 Fondation des églises catholiques italiennes Notre-Dame-de-la-Défense, Notre-Dame-de-la-Consolata et Notre-Dame-de-Pompéi.

1924 Pose de la croix illuminée sur le mont Royal, à Montréal.

1933 Fondation de l'église catholique polonaise Notre-Dame-de-Czestochowa.

1982 Inauguration de l'église catholique haïtienne Notre-Dame d'Haïti.

1983 Au primaire et au secondaire, les élèves ont maintenant le choix entre le cours d'enseignement moral et religieux catholique et un cours de morale.

1986 Inauguration de l'église catholique portugaise Santa Cruz.

2008 Programme d'éthique et de culture religieuse obligatoire qui doit remplacer le choix entre un enseignement moral et religieux catholique ou protestant et un enseignement moral.

Boîte à outils

181

Le protestantisme et l'anglicanisme

Fondateur
Martin Luther en 1517.

Symbole principal
La Bible.

Nom du divin
Dieu.

Nom des croyants
Les protestants. Principales divisions : luthérienne, calviniste ; sous-divisions : anabaptiste, mennonite, puritaine ou congrégationaliste, presbytérienne, quaker, méthodiste, pentecôtiste, Renouveau charismatique. Les anglicans.

Texte sacré
La Bible protestante (qui exclut les livres suivants de la Bible catholique : Tobit, Judith, 1 et 2 Maccabées, Sagesse, Ecclésiastique ou Siracide, Baruch).

Lieu saint
Aucun.

Lieu de culte
Le temple qui rappelle celui de Jérusalem. Il sert de lieu de prière et de rassemblement. Son style est variable : de la simple salle communautaire à l'immense cathédrale technologique.

Chronologie

1517 Proclamation de la critique du moine allemand Martin Luther en 95 points contre l'Église catholique. Début du protestantisme.

1521 Séparation du prêtre suisse Urlirch Swingli de l'Église catholique. Zurich devient protestante.

1525 Naissance du mouvement anabaptiste en Suisse.

1534 Fondation de l'Église d'Angleterre (anglicanisme).

1536 Fondation du calvinisme par le prêtre français Jean Calvin.

1560 Fondation de l'Église presbytérienne en Écosse par John Knox.

1581 Naissance du mouvement du puritanisme ou congrégationalisme.

1646 Fondation des quakers (Société des Amis) en Angleterre.

1730 Naissance du mouvement méthodiste des frères Wesley.

1865 Fondation de l'Armée du Salut.

1875 Naissance de l'Alliance réformée mondiale qui réunit divers courants protestants.

Début du 20e siècle Naissance du pentecôtisme aux États-Unis.

1910 Création du mouvement œcuménique qui invite à la réunion de tous les chrétiens du monde.

1925 Fondation de l'Église Unie du Canada.

1947 Naissance de la Fédération luthérienne mondiale.

2001 Signature de la Déclaration de Waterloo. Entente signée entre l'Église évangélique luthérienne et l'Église anglicane du Canada, visant à réaliser l'unité de « toute l'Église de Dieu ».

B.11

Les temples et les églises protestants présentent souvent une architecture très simple.

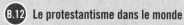 **B.12** **Le protestantisme dans le monde**

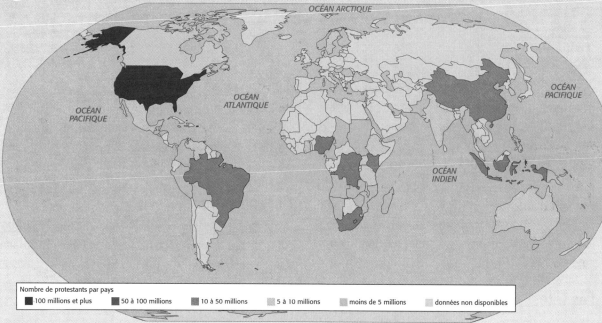

Nombre de protestants par pays

■ 100 millions et plus ■ 50 à 100 millions ▨ 10 à 50 millions ▨ 5 à 10 millions □ moins de 5 millions □ données non disponibles

Source : *L'atlas des religions : pays par pays, les clés de la géopolitique,* numéro hors-série, coédition La vie – Le Monde, Paris, 2007, 194 p.

Les croyances

On reconnaît généralement cinq croyances communes à toutes les églises protestantes.

• La foi seule (*sola fides*) : seule la croyance en Jésus est nécessaire au salut.

• L'Écriture seule (*sola scriptura*) : seule la Bible a la plus haute autorité. Ainsi, chaque croyant est invité, avec l'aide du Saint-Esprit, à lire la Bible pour y chercher la volonté de Dieu.

• La grâce seule (*sola gratia*) : seul Dieu choisit de donner la foi aux croyants par un acte d'amour mystérieux.

• Dieu seul est sacré (*soli Dei gloria*) : rien ni personne d'autre ne mérite les louanges des croyants.

• Seul Jésus-Christ peut amener à Dieu. D'après la Bible, tous les croyants sont prophètes, prêtres et rois.

B.13

Francesco Fontebasso (1709-1769), *La dernière Cène,* **18ᵉ s., peinture.** Le dernier repas de Jésus avec ses disciples est un des fondements des Églises chrétiennes.

Les rites

On célèbre la Cène (ou communion) le dimanche, jour de repos et de prière.

Le baptême est l'autre sacrement.

Les anglicans célèbrent une messe semblable à celle des catholiques. Ils pratiquent le rite de la confession, qu'ils ne considèrent pas comme un sacrement.

Les rites de la mort

Il n'y a pas de délai précis pour célébrer les funérailles. On peut disposer du corps de deux manières, soit par l'incinération soit par l'inhumation. Il n'y a pas de toilette rituelle du corps. Les funérailles ont lieu à l'église.

Les fêtes

Elles rappellent les moments importants dans la vie du Christ.

- Noël (25 décembre) commémore la naissance de Jésus.
- Épiphanie (6 janvier) rappelle que Jésus se manifeste au monde.
- Carême (mars-avril) rappelle les 40 jours que Jésus a passé au désert et où il a subi la tentation.
- Pâques, précédée de la Semaine sainte (mars-avril), pour rappeler la crucifixion et fêter la résurrection de Jésus.
- Pentecôte (mai) commémore le don de l'Esprit-Saint aux apôtres.

Les règles

- Morales : les 10 commandements, les enseignements de Jésus-Christ (aimer Dieu et aimer son prochain).
- Alimentaires : aucune.
- Vestimentaires : aucune.
- Médicales : aucune contre-indication pour le don d'organe ou du corps. L'avortement est permis, même si on le considère comme grave. On suggère en ce sens d'avoir l'avis de son pasteur.

L'organisation

Jésus-Christ demeure le seul chef de l'Église et la Bible a la plus haute autorité. Il n'y a pas de pape qui garantit une certaine unité dans l'organisation. Il y a une grande variété d'organisations selon les divisions et les sous-divisions.

La transmission de la foi

En général, cela se fait dans la famille. Toutefois, certaines Églises supportent des missionnaires qui œuvrent dans d'autres pays. La vie quotidienne des croyants doit témoigner du Christ.

La place de la femme

Dans certaines Églises protestantes, depuis les années 1960, les femmes, mariées ou non, peuvent devenir pasteures et évêques.

B.14 Les femmes peuvent devenir pasteures et évêques.

B.15 Répartition des protestants et des anglicans au Québec par région en 2001

Régions administratives	Population totale	Population protestante	%
01 Bas-Saint-Laurent	195 545	1 730	0,9
02 Saguenay–Lac-Saint-Jean	274 315	2 485	0,9
03 Capitale-Nationale	628 515	8 015	1,3
04 Mauricie	249 705	3 595	1,4
05 Estrie	279 705	17 300	6,2
06 Montréal	1 782 830	143 785	8,1
07 Outaouais	312 820	20 610	6,6
08 Abitibi-Témiscamingue	144 355	2 635	1,8
09 Côte-Nord	96 895	3 630	3,7
10 Nord-du-Québec	38 495	19 370	50,3
11 Gaspésie–Îles-de-la-Madeleine	95 465	4 945	5,2
12 Chaudière-Appalaches	376 575	4 555	1,2
13 Laval	339 000	11 210	3,3
14 Lanaudière	383 340	6 980	1,8
15 Laurentides	454 525	16 260	3,6
16 Montérégie	1 260 150	64 460	5,1
17 Centre-du-Québec	213 345	4 030	1,9
Le Québec	**7 125 580**	**335 595**	**4,7**

Source : D'après les données fournies par l'Institut de la statistique du Québec, recensement 2001.

B.16 La cathédrale anglicane Holy Trinity de Québec, la première hors des îles britanniques, érigée en 1804.

Le protestantisme et l'anglicanisme au Québec

1541 Présence des protestants français (Huguenots) dans le commerce de la fourrure en Nouvelle-France.

1627 Exclusion des non-catholiques de la colonie par ordre du roi de France.

1684 Conversion obligatoire au catholicisme pour les protestants qui veulent s'établir dans la colonie.

1759 Premières congrégations presbytériennes à Québec.

1760 Premier service anglican, célébré à Montréal.

1786 Premières congrégations méthodistes et presbytériennes à Montréal.

19e s. Arrivée des missionnaires méthodistes et baptistes venus évangéliser les immigrants anglais. Des missionnaires français et suisses feront aussi le voyage pour convertir les habitants francophones.

1804 Inauguration de la première cathédrale anglicane hors des îles britanniques : la cathédrale anglicane Holy Trinity à Québec.

1835 Fondation de la première église protestante francophone au Québec.

1881 On compte 530 églises protestantes au Québec.

20e s. Nombreux au début du 20e s., les franco-protestants ont depuis connu un déclin démographique.

21e s. Croissance rapide du nombre des protestants évangéliques.

Boîte à outils

Le judaïsme

Fondateurs
Abraham, Isaac et Jacob, en tant que pères, puis Moïse, en tant que modèle, sont les principales figures fondatrices.

Symboles principaux
Étoile de David et *menorah* (chandelier à sept branches).

Nom du divin
Adonaï, Elohim, Hashem (Yahvé ne peut être prononcé).

Nom des croyants
Les juifs. Principales divisions : orthodoxes (judaïsme traditionnel, interprétation intégrale de la Loi) ; réformés (courant qui adapte la Loi à l'esprit du temps et aux sciences) ; conservateurs (mouvement moderne qui promeut l'importance des traditions historiques et nationales juives).

Textes sacrés
- TaNak (Ancien Testament divisé en trois parties : la Torah (la Loi ou le Pentateuque), les Neviim (les écrits historiques et prophétiques) et les Ketouvim (les hagiographes) ;
- Talmud (la Loi orale) : recueil de droit civil et religieux, qui contient des commentaires sur la Torah.

Lieux saints
Jérusalem, ville sainte du peuple juif ; le mur des Lamentations, le plus important lieu saint du judaïsme.

Lieu de culte
La synagogue.

Chronologie

Les temps bibliques

1 (-3760)	Début du calendrier juif : Dieu crée l'Univers et l'humanité.
1948 (-1812)	Patriarches (Abraham, Isaac, Jacob). Alliance de Dieu avec Abraham.
2447 (-1313)	Sortie d'Égypte des Hébreux avec Moïse. Alliance au mont Sinaï. Moïse reçoit les 10 commandements.

Les temps historiques

10e s. av. notre ère	Construction du premier temple sous Salomon.
-931	Séparation d'Israël en deux royaumes : Samarie et Juda.
-722	Destruction du royaume d'Israël par les Assyriens et expulsion des Israélites.
7e s. av. notre ère	Début du judaïsme.
-586	Nabuchodonosor, roi de Babylone, met le feu au temple.
70	Prise de Jérusalem par Rome. Destruction du deuxième temple.
135	Dispersion des juifs vers l'Espagne (séfarades) et vers l'Allemagne (ashkénazes). Mise à l'écrit de la Loi orale, Talmud de Jérusalem, Talmud de Babylone.
1135-1204	Maïmonide, grand penseur mystique juif.
13e s.	Zohar, texte fondateur du courant mystique de la kabbale.
18e s.	Naissance du mouvement mystique Hassidim.
1939-1945	Holocauste (Shoah). Plus de six millions de Juifs seront systématiquement tués. Exil massif vers la Palestine et les États-Unis.
14 mai 1948	Création de l'État d'Israël. Plusieurs conflits armés suivront entre Israël et les pays arabes voisins.

B.17
Le mur des Lamentations à Jérusalem est le plus important lieu saint du judaïsme.

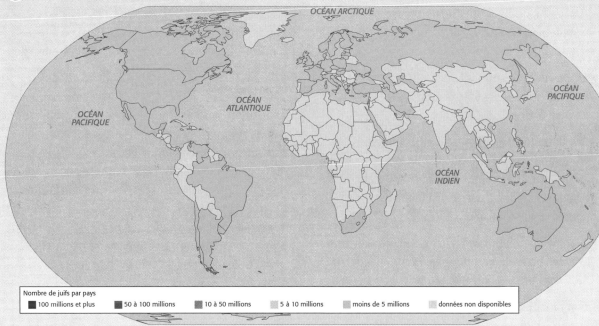

Nombre de juifs par pays
■ 100 millions et plus ■ 50 à 100 millions ■ 10 à 50 millions ■ 5 à 10 millions ■ moins de 5 millions ■ données non disponibles

Source : *L'atlas des religions : pays par pays, les clés de la géopolitique,* numéro hors-série, coédition La vie – Le Monde, Paris, 2007, 194 p.

Les croyances

Dieu est unique et il est le créateur de l'Univers. Le judaïsme est dans l'attente d'une ère messianique pacifique et juste.

Les rites

- *Shabbat* : journée consacrée au repos, à la prière et à l'étude qui s'étend du vendredi soir au samedi soir.

- Brit mila : circoncision des garçons huit jours après leur naissance. Les filles se voient attribuer un nom au cours d'une cérémonie spéciale à la synagogue.

- Bar-misvah : le jour du treizième anniversaire d'un garçon, on célèbre à la synagogue son admission officielle dans la communauté juive. Il accepte ainsi la responsabilité de ses obligations religieuses. Pour les filles, la Bat-misvah a lieu à 12 ans.

- Mariage : à l'image de l'union de Dieu et de son peuple, le mariage juif est vécu comme une union sacrée, comme un commandement divin.

Les rites de la mort

Le corps du défunt, lavé et enveloppé dans un linceul, « retournera à la poussière » en étant enterré. Sept jours de deuil sont observés par la famille immédiate.

B.19
Lecture de la Torah.

Boîte à outils

Les fêtes

- *Pessah* (pâque), début du printemps : commémoration de la fuite d'Égypte du peuple hébreu guidé par Moïse.

- *Shavuot* (Pentecôte), fin du printemps : commémoration de la révélation de la Torah de Dieu à Moïse sur le Sinaï.

- Soukkôth (fête des Tabernacles), début de l'automne : commémoration de la fuite du peuple hébreu. On construit une cabane (souccah) où l'on dort et mange, comme l'a fait le peuple hébreu dans le désert.

- Rosh hashanah (nouvel an), fin de l'été : célébration de la création renouvelée, réintronisation de Dieu comme roi et juge de l'Univers.

- Yom Kippour (jour du Pardon), 10 jours après Rosh hashanah : jour de jeûne et de prières, de purification personnelle et d'expiation en implorant le pardon divin.

- Hanoukkah (« Inauguration »), huit jours en décembre : commémoration de la victoire des Maccabées sur les Syriens et de la deuxième consécration du Temple.

Les règles

- Morales : les 10 commandements, tels qu'ils sont écrits dans la Torah et décrits dans le Talmud constituent les fondements de la moralité juive et halakha, une extension de la jurisprudence rabbinique qui englobe tous les aspects de la vie.

- Alimentaires : la kashrut (des règles alimentaires qui concernent essentiellement la consommation des produits d'origine animale (interdiction de consommer des animaux impurs tels que le porc, certains oiseaux, les crustacés et les fruits de mer). L'animal pur peut être consommé uniquement s'il a été soumis aux règles de l'abattage rituel par un spécialiste. De plus, les viandes ne doivent pas être mélangées aux produits laitiers. Les aliments qui respectent ces règles sont dits « cashers ».

- Vestimentaires : kippa (petite coiffe qui couvre le dessus de la tête, séparant ainsi symboliquement l'humain de Dieu, par respect) et tallit (châle de prière rectangulaire aux quatre franges porté lors de certaines prières).

- Médicales : les juifs s'opposent en général à l'euthanasie et à l'avortement. Le fœtus et les membres amputés doivent être enterrés.

B.20 Pour Hanoukkah, on allume une chandelle chaque jour.

B.21 L'éducation à la foi se fait à la synagogue.

L'organisation

Les congrégations et les institutions juives sont dirigées par un rabbin qui enseigne la foi.

La transmission de la foi

Des écoles spirituelles enseignent la religion, la langue et la culture aux enfants. Selon la halakha, est juive toute personne née de mère juive, ou toute personne convertie au judaïsme. Les juifs ne tentent habituellement pas de convertir d'autres personnes au judaïsme.

B.23 Naamah Kelman, la première femme ordonnée rabbin en Israël en 1992.

La place de la femme

Les femmes peuvent être rabbins dans les courants réformés et chez certains conservateurs. Le judaïsme orthodoxe donne un rôle traditionnel à la femme.

B.22 Répartition des juifs au Québec par région en 2001

Régions administratives	Population totale	Population juive	%
01 Bas-Saint-Laurent	195 545	—	0,0
02 Saguenay–Lac-Saint-Jean	274 315	10	0,0
03 Capitale-Nationale	628 515	90	0,0
04 Mauricie	249 705	45	0,0
05 Estrie	279 705	105	0,0
06 Montréal	1 782 830	81 855	4,6
07 Outaouais	312 820	160	0,1
08 Abitibi-Témiscamingue	144 355	—	0,0
09 Côte-Nord	96 895	10	0,0
10 Nord-du-Québec	38 495	10	0,0
11 Gaspésie–Îles-de-la-Madeleine	95 465	10	0,0
12 Chaudière-Appalaches	376 575	25	0,0
13 Laval	339 000	4 140	1,2
14 Lanaudière	383 340	125	0,0
15 Laurentides	454 525	2 125	0,5
16 Montérégie	1 260 150	1 215	0,1
17 Centre-du-Québec	213 345	20	0,0
Le Québec	**7 125 580**	**89 945**	**1,3**

Source : D'après les données fournies par l'Institut de la statistique du Québec, recensement 2001.

Le judaïsme au Québec

1627 Exclusion des non-catholiques de la colonie par ordre du roi de France.

1760 Arrivée des premières familles juives avec le début du Régime britannique.

1768 Première congrégation juive au Canada, à Montréal.

1775 Premier cimetière juif en Amérique du Nord à Montréal.

1777 Première synagogue au Québec.

1832 Obtention par les juifs de tous les droits et privilèges dont jouissent les citoyens du Bas-Canada.

1846 Première synagogue de tradition ashkénaze.

1905 Première bibliothèque juive au Canada, à Montréal.

1913 Nombre de juifs au Canada : 60 000.

1919 Fondation du Congrès juif canadien à Montréal par 209 délégués de partout au Canada.

1934 Ouverture de l'Hôpital général juif de Montréal.

1939-1945 Service de 16 680 Juifs canadiens dans les Forces armées canadiennes.

Boîte à outils

L'islam

Fondateur
Muhammad Ibn 'Abd Allah (Muhammad),
dit le Prophète en (570-632).

Symboles principaux
Le croissant de lune (*hilal*) et l'étoile.

Nom du divin
Allah (*Allah* signifie « le Dieu » en arabe).

Nom des croyants
Les musulmans. Principales divisions : sunnites (environ
88 %), chiites (environ 12 %).

Textes sacrés
Le Coran (*Qur'an*) ; les hadiths (récits) rapportent
les comportements et les paroles de Muhammad.

Lieux saints
La ville de La Mecque, en Arabie saoudite (on y trouve
l'édifice cubique appelé Kaaba qui renferme la pierre noire,
symbole de l'alliance d'Allah avec Abraham) ; le puits
de Zamzam ; Médine, ville où se trouve le tombeau de
Muhammad ; Jérusalem. De plus, pour les chiites, Karbala,
ville où se trouve le tombeau de l'imam Husayn.

Lieu de culte
La mosquée (*masjid* : « lieu où l'on se prosterne »).

Chronologie

570	Naissance de Muhammad à La Mecque en Arabie saoudite.
595	Mariage de Muhammad avec la riche veuve Khadidja.
610	Début des révélations du Coran.
622	Muhammad quitte La Mecque pour Médine. Début du calendrier lunaire musulman. C'est l'an I de l'hégire (migration).
632	Mort du Prophète Muhammad, atteint de paludisme. L'Arabie est alors presque unifiée sous la direction du Prophète.
657	Division de l'islam en deux grands courants : chiites et sunnites.
661-750	Dynastie des Omeyades fondée par le beau-frère de Muhammad.
750-1258	Remplacement de la dynastie des Abbassides par celle des Omeyades. L'islam se répand en Asie centrale, en Inde et en Espagne.
1206-1576	Sultanats de Delhi. L'islam se répand en Indonésie et en Malaisie.
19ᵉ et 20ᵉ s.	Propagation de l'islam en Somalie et en Tanzanie.
1979	Révolution islamique en Iran avec l'ayatollah Khomeiny (chiite).
1989	Établissement du Régime islamique au Soudan.
1988	Rétablissement de la charia, ou loi islamique, au Pakistan. Il s'agit d'un régime juridique complet qui aborde les questions religieuses, morales et sociales.

B.24

La mosquée Nabawi à Médine. Le Prophète Muhammad
est enterré sous le dôme vert.

Les croyances

Les musulmans croient en un seul Dieu, Allah, tout-
puissant et créateur. Il a transmis un message aux êtres
humains par l'entremise d'Abraham, de Moïse et de
Jésus.

Son dernier prophète est Muhammad. Les croyants
acceptent de se soumettre à la parole d'Allah, afin de
lui rester fidèles jusqu'au jour du Jugement.

Les justes mériteront le paradis, et les méchants seront
jetés en enfer.

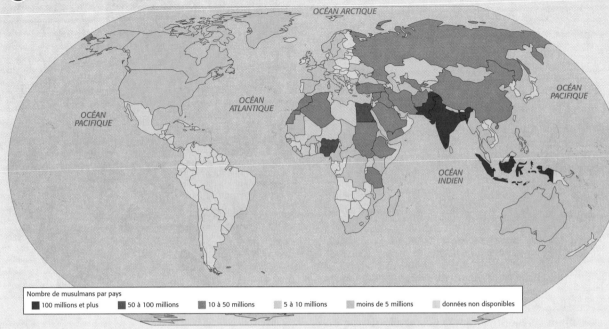

Nombre de musulmans par pays
■ 100 millions et plus   ■ 50 à 100 millions   ■ 10 à 50 millions   ■ 5 à 10 millions   ■ moins de 5 millions   □ données non disponibles

Source : *L'atlas des religions : pays par pays, les clés de la géopolitique,* numéro hors-série, coédition La vie – Le Monde, Paris, 2007, 194 p.

Les rites

Il y a d'abord les cinq piliers de l'islam.

- Shahada ou profession de foi. « Il n'y a de Dieu qu'Allah, et Muhammad est son prophète. »

- *Salats* ou prières. Elles se font cinq fois par jour : à l'aube, à midi, en après-midi, au coucher du soleil et à la nuit tombée.

- Sawm ou le jeûne du mois du ramadan. Le croyant doit se priver de manger, de boire, de fumer et d'avoir des relations sexuelles entre le lever et le coucher du soleil. Ce jeûne est obligatoire pour tout croyant en bonne santé et âgé d'au moins 12-13 ans.

- Zakat ou l'aumône obligatoire. Elle consiste en un don d'argent ou de biens à la communauté ou aux pauvres.

- Le hajj ou le pèlerinage à La Mecque une fois dans une vie. Obligatoire pour tous ceux qui en sont capables physiquement et financièrement. Ce rite efface tous les péchés du croyant et il est constitué d'une série de gestes précis : marche autour de la Kaaba, station debout immobile du midi au coucher du soleil, lapidation d'une stèle nommée le grand démon, et sacrifice d'un agneau ou d'une volaille.

En plus des cinq piliers, il y a le Tasmiya, cérémonie au cours de laquelle le bébé reçoit son nom.

Le mariage se fait en deux étapes. L'établissement du contrat de mariage, confirmé par l'accord des époux. Après quelques jours, c'est le rite principal : la future mariée est menée chez son époux où de grandes et parfois longues festivités les attendent. Le Coran rejette la polygamie illimitée, en restreignant à quatre le nombre de femmes qu'un musulman peut épouser, et ce, à condition de pouvoir les traiter de façon égale.

B.26 Pour le rite du hajj, des milliers de pèlerins défilent autour de la Kaaba, à La Mecque en Arabie saoudite.

Les rites de la mort

On récite la shahada (profession de foi) à l'oreille du mourant. Après le décès, on lave le corps sans l'embaumer. Des extraits du Coran sur la résurrection des morts sont récités. Tous se rendent alors sans tarder à la mosquée pour une prière, puis au cimetière. Le défunt est finalement mis en terre, la tête orientée vers La Mecque.

Les fêtes

- Id al-Fitr (petite fête) : souligne la fin du jeûne du ramadan et est l'occasion de grandes réjouissances.

- Id al-Adha (grande fête) : vient 70 jours plus tard. On s'associe alors aux sacrifices des pèlerins de La Mecque en sacrifiant un agneau ou une volaille.

- Mawlid : souligne la naissance du Prophète. Pour les chiites s'ajoute Achoura : commémoration du martyre de l'imam Husayn.

- La révélation du Coran à Muhammad.

- La nuit où l'ange Gabriel a conduit le Prophète au ciel (« voyage nocturne » ou « Ascension »).

Les règles

- Morales : les valeurs de justice, d'égalité, de générosité et de protection des faibles composent l'éthique proposée par le Coran. De plus, le Coran interdit les jeux de hasard et le prêt à intérêt.

B.28 Par respect, il faut se déchausser à l'entrée de la mosquée.

- Alimentaires : le Coran interdit la consommation d'alcool et de porc. Est appelé « halal » ce qui est permis par Dieu, et « haram » ce qui est interdit.

- Vestimentaires : il faut savoir que le port du voile existait bien avant Muhammad. Il servait surtout de protection contre les rigueurs du climat désertique et le voile n'était pas porté partout. Dans le Coran, on peut lire que les épouses du Prophète devaient « se couvrir de leurs voiles ». Elles devaient en effet se protéger des regards indiscrets des nombreux visiteurs qui venaient chercher conseil auprès de Muhammad. Le Coran étend cette recommandation à toutes les musulmanes en lien avec le devoir de modestie qui leur revient. Par la suite, cette pratique s'est répandue, mais sans devenir une obligation ; tout dépend des interprétations que l'on fait des passages coraniques où l'on en parle.

- Médicales : l'avortement est toléré seulement si la vie de la mère est menacée.

L'organisation

Il n'y a pas d'autorité suprême dans l'islam, ni d'organisation centrale qui encadre l'ensemble de la communauté. La vie musulmane tourne autour de la mosquée, dirigée par un imam et de l'école coranique (madrasa).

B.27 Le croyant déchaussé prie sur un tapis de prière orienté vers La Mecque.

La transmission de la foi

Tous peuvent devenir musulmans. Le Coran invite les croyants à faire connaître l'islam par l'exemple et la persuasion.

La place de la femme

Cette question est complexe. L'arrivée de Muhammad, au 7e siècle, améliore la situation de la femme. De nos jours, cela varie d'un pays à l'autre. La femme peut être traitée comme l'égale de l'homme, alors qu'ailleurs, elle sera traitée comme inférieure. En Iran, par exemple, la femme a le droit de vote, mais pas au Koweït.

B.29 L'école coranique est parfois située à l'intérieur de la mosquée.

B.30 Répartition des musulmans au Québec par région en 2001

Régions administratives	Population totale	Population musulmane	%
01 Bas-Saint-Laurent	195 545	90	0,0
02 Saguenay—Lac-Saint-Jean	274 315	120	0,0
03 Capitale-Nationale	628 515	2 945	0,5
04 Mauricie	249 705	265	0,1
05 Estrie	279 705	1 205	0,4
06 Montréal	1 782 830	85 485	4,8
07 Outaouais	312 820	2 365	0,8
08 Abitibi-Témiscamingue	144 355	110	0,1
09 Côte-Nord	96 895	—	0,0
10 Nord-du-Québec	38 495	30	0,1
11 Gaspésie—Îles-de-la-Madeleine	95 465	45	0,0
12 Chaudière-Appalaches	376 575	145	0,0
13 Laval	339 000	5 160	1,5
14 Lanaudière	383 340	210	0,1
15 Laurentides	454 525	645	0,1
16 Montérégie	1 260 150	9 615	0,8
17 Centre-du-Québec	213 345	170	0,1
Le Québec	**7 125 580**	**108 605**	**1,5**

Source : D'après les données fournies par l'Institut de la statistique du Québec, recensement 2001.

L'islam au Québec

Début du 20e s. Arrivée des premiers musulmans au Québec, majoritairement du Liban et de la Syrie.

v. 1960 Premières grandes vagues d'immigration venant d'Égypte et du sous-continent indien.

1965 Fondation du Centre islamique du Québec à Montréal.

v. 1970 La guerre du Liban provoque et favorise une autre vague d'immigration.

v. 1980 Vague d'immigration de musulmans provenant du Maroc, d'Algérie et de la Tunisie.

Boîte à outils

Le bouddhisme

Fondateur

Le Bouddha Siddhartha Gautama (appelé aussi *Shakyamuni* - le sage des Sakyas, ou *Bhagavant* - le bienheureux).

Symboles principaux

La roue du *dharma* qui représente le noble sentier octuple. La stoupa.

Nom du divin

Dans le bouddhisme, le Bouddha est supérieur aux dieux, car il a atteint l'illumination ; dans le bouddhisme mahayana, le Bouddha est transcendant et peut être divinisé.

Nom des croyants

Les bouddhistes. Principales divisions : le theravada (voie des anciens) – tradition qui dit être la plus proche des enseignements originaux du Bouddha ; le mahayana (grand véhicule) – courant qui développe l'idée de plusieurs boud-dhas transcendantaux ; le zen (méditation) – selon cette tradition, la méditation est plus importante que l'étude ; le vajrayana (véhicule du diamant) – tradition tantrique qui développe des rituels et des symboles complexes.

Textes sacrés

Tripitaka ou les trois corbeilles : Sutra Pitaka (discours du Bouddha), Vinaya Pitaka (les règles de la vie monastique), Abhidharma (interprétation et analyse des deux autres textes). D'autres textes d'enseignements et de commentaires se sont ensuite ajoutés.

Lieux saints

Les lieux de pèlerinage indiqués par le Bouddha : Lumbini (lieu de sa naissance), Bodh Gaya (lieu de son éveil), Sarnath (lieu de son premier enseignement), Kushinagara (lieu de sa mort) ; les stoupas (monuments célébrant l'éveil du Bouddha) ; Borobodur (temple indonésien).

Lieux de culte

La pagode ou le temple bouddhiste, les monastères (demeure des moines). Les bouddhistes aménagent souvent chez eux un petit autel domestique favorisant la méditation et le culte du Bouddha et des ancêtres.

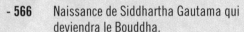

Chronologie

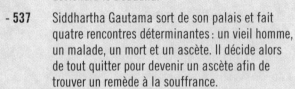

- 566	Naissance de Siddhartha Gautama qui deviendra le Bouddha.
- 537	Siddhartha Gautama sort de son palais et fait quatre rencontres déterminantes : un vieil homme, un malade, un mort et un ascète. Il décide alors de tout quitter pour devenir un ascète afin de trouver un remède à la souffrance.
- 531	Éveil de Siddhartha Gautama. Il devient le Bouddha (celui qui est illuminé à 35 ans).
- 486	Mort du Bouddha.
- 486	Première réunion (concile) de la communauté bouddhiste à Rajagriha. Établissement de la règle des moines et de l'enseignement du Bouddha.
-386	Deuxième concile à Vaisali pour discuter de la doctrine bouddhiste.
3e s. av. notre ère	Expansion du bouddhisme en Inde et autour sous le règne d'Ashoka.
1er s.	Introduction du bouddhisme en Chine.
v. 250 av. notre ère	Troisième concile selon l'école theravada. Ashoka ordonne à tous les moines de réciter ensemble les règles.
v. 6e s.	Bodhidharma fonde le *ch'an* (l'ancêtre du zen) en Chine.
538	Introduction officielle du bouddhisme au Japon.
8e s.	Construction du premier monastère bouddhiste au Tibet.
1578	Début de la lignée des dalaï-lamas au Tibet.
1959	Exil en Inde du 14e dalaï-lama.
1989	Prix Nobel de la paix au 14e dalaï-lama.

B.31 La pagode Shwe Dagon, au Myanmar, est le plus grand bâtiment recouvert d'or du monde.

B.32 La fleur de lotus (qui pousse dans la boue, mais donne des fleurs magnifiques) symbolise l'éveil.

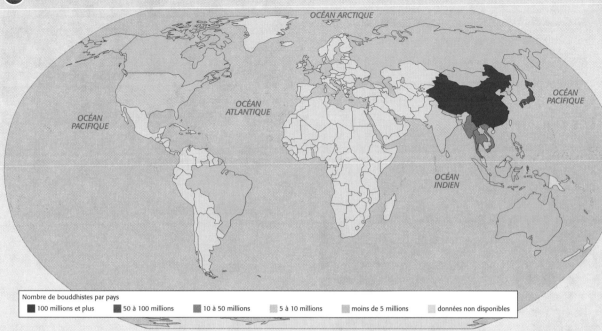

Source : *L'atlas des religions : pays par pays, les clés de la géopolitique,* numéro hors-série, coédition La vie – Le Monde, Paris, 2007, 194 p.

Les croyances

Les bouddhistes sont convaincus que leurs actions ont des conséquences sur les autres ainsi que sur leur propre vie et sur leur vie future. Ils tentent donc de poser de bonnes actions et d'éviter les mauvaises.

À cela s'ajoutent les quatre nobles vérités : 1) la vie est remplie de souffrances ; 2) l'origine de la souffrance est le désir ; 3) il est possible de se libérer de la souffrance (l'état de nirvana, but ultime du bouddhisme) ; 4) le chemin qui permet d'atteindre le nirvana est la noble voie composée de huit éléments à pratiquer de manière juste (la vue, la pensée, la parole, l'action, le travail, l'effort, l'attention et la discipline mentale).

Les rites

Les rites bouddhistes les plus courants sont :

• méditer ;

• prononcer les trois refuges : « je prends refuge dans le Bouddha, dans son enseignement et dans sa communauté » ;

• réciter des louanges bouddhistes ou des paroles sacrées (mantras) ;

B.34

Le temple de Mahabodhi à Bodh Gaya en Inde marque l'endroit où le Bouddha aurait atteint l'éveil.

Boîte à outils

195

- offrir de la nourriture aux moines et aux moniales ;
- offrir de l'encens, de la nourriture, des parfums et de l'eau aux représentations du Bouddha ;
- écouter ou lire l'enseignement du Bouddha ;
- faire un pèlerinage à un lieu bouddhiste.

Les rites de la mort

Le corps du défunt est incinéré ou brûlé sur un bucher. On récite des louanges et des prières pour que la prochaine vie du défunt soit heureuse.

B.36

Wesak est une fête très importante pour les bouddhistes du monde entier.

Les règles

- **Morales :** ne pas tuer ; ne pas prendre ce qui n'est pas donné ; ne pas avoir de mauvais comportements sexuels ; ne pas dire de mensonges, de paroles blessantes, de paroles inutiles ; ne pas consommer d'intoxicants (alcool, drogues, etc.).
- **Alimentaires :** aucune.
- **Vestimentaires :** elles obligent les moines à porter un froc ocre, symbole de renoncement, et à avoir les cheveux rasés.
- **Médicales :** aucune.

B.35

Après la mort, le corps est brûlé. Pour les bouddhistes, la mort est un événement positif puisque la réincarnation suivra.

Les fêtes

Les dates des fêtes sont déterminées par les phases lunaires et peuvent varier selon l'endroit en fonction des traditions et des cultures des pays où elles ont lieu. Les principales fêtes sont :

- le nouvel an ;
- *Wesak* (printemps) : célébration de la naissance, de l'illumination et de la mort du Bouddha. Ces événements peuvent être fêtés séparément, selon les traditions ;
- la fête des Morts (commémoration des ancêtres) ;
- la célébration du premier discours, le sermon de Bénarès.

B.37

Pour les moines tibétains, le son de la cloche est une offrande musicale et un appel à la méditation.

L'organisation

Il n'y a pas une personne spécifique à la tête du boud-dhisme. Chaque école ou tradition a sa propre structure. Une pagode, un temple ou un monastère est dirigé par un abbé ou une abbesse. Il y a généralement une hiérar-chie entre les plus vieux et les plus jeunes, entre les moines ou moniales et les personnes laïques.

La transmission de la foi

C'est souvent la transmission d'un maître à ses disci-ples sur une base volontaire.

B.38 Une moniale enseigne à ses disciples.

La place de la femme

Certains textes présentent des femmes ayant atteint l'illumination, d'autres la présentent comme source de souffrance. La femme peut devenir moniale, mais dans certains pays, elle est encore soumise à l'autorité des moines.

B.39 Répartition des bouddhistes au Québec par région en 2001

Régions administratives	Population totale	Population bouddhiste	%
01 Bas-Saint-Laurent	195 545	45	0,02
02 Saguenay–Lac-Saint-Jean	274 315	100	0,04
03 Capitale-Nationale	628 515	1 160	0,2
04 Mauricie	249 705	80	0,03
05 Estrie	279 705	250	0,09
06 Montréal	1 782 830	29 840	1,7
07 Outaouais	312 820	785	0,3
08 Abitibi-Témiscamingue	144 355	50	0,04
09 Côte-Nord	96 895	30	0,03
10 Nord-du-Québec	38 495	10	0,03
11 Gaspésie–Îles-de-la-Madeleine	95 465	30	0,03
12 Chaudière-Appalaches	376 575	180	0,05
13 Laval	339 000	3 035	0,9
14 Lanaudière	383 340	340	0,09
15 Laurentides	454 525	1 045	0,2
16 Montérégie	1 260 150	4 325	0,3
17 Centre-du-Québec	213 345	125	0,06
Le Québec	**7 125 580**	**41 430**	**0,6**

Source : D'après les données fournies par l'Institut de la statistique du Québec, recensement 2001.

Le bouddhisme au Québec

Fin 19ᵉ s.	Arrivée des premiers Chinois.
1908	Adoption de lois pour limiter l'immigration asiatique.
1940-1950	Arrivée des Japonais en provenance de l'Ouest canadien.
1970-1995	Arrivée de Vietnamiens, de Laotiens, de Cambodgiens et de Tibétains principale-ment en tant que réfugiés.
1979	Fondation de l'Association zen de Montréal.
1989	Le dalaï-lama se voit décerner le prix Nobel de la paix.
1991	Nombre de bouddhistes au Québec : 31 640.
2006	Visite du dalaï-lama au Canada et annonce de l'ouverture du premier Centre du dalaï-lama pour la paix et l'éducation au Canada en 2009.

Boîte à outils

L'hindouisme

Fondateur
Aucun reconnu.

Symbole principal
OM (mantra sacré).

Noms du divin
Brahman (l'Absolu, l'Un, la Force ou le Soi universel, présent en toute chose) ; atman (« âme » individuelle et immortelle de même nature que le brahman, elle est enchaînée au monde par la loi du karma). Le brahman est représenté par trois dieux principaux : Brahma (la création), Vishnu (la préservation) et Shiva (la destruction).

Nom des croyants
Les hindous. Principales divisions : shivaïtes – croient en l'unité de toutes choses, que le monde est illusion (*maya*), qu'on peut se délivrer de la *maya* par le yoga et le culte ; vishnuïtes : le monde est réel, l'Absolu se manifeste parfois sous la forme d'*avatars* ou envoyés ; ils pratiquent des rites de dévotion.

Textes sacrés
Les Veda (*Rig-Veda* ou Veda des strophes, *Yajur-Veda* ou Veda des formules, *Sâma-Veda* ou Veda des mélodies, *Atharva-Veda* ou formules pour rites quotidiens) ; Upanishad (Approches) ; Sûtras (Aphorismes ou Lois de Manu) ; la Grande Épopée (Le *Mahabharata* ou « La grande guerre des Bhâratas » et le *Ramayana* « La geste de Rama ») ; *Purânas* (Antiquités) ; *Tantras* (Livres).

Lieux saints
Le Gange (fleuve sacré de l'Inde) ; Bénarès (ville sainte de l'Inde).

Lieux de culte
Le temple (lieu de culte associé à une divinité) ; l'ashram (demeure d'un guru et de ses disciples) ; le centre de yoga (lieu de pratique du yoga et de la méditation).

B.40
Des offrandes à la déesse Shiva flottent sur le Gange.

Chronologie

v. -1500	Arrivée du peuple aryen dans la vallée de l'Indus.
v. -1500 à -500	*Ère védique.*
v. -500 à aujourd'hui	*Ère brahmanique.*
v. -500	Rédaction des Upanishads.
v. -550	Naissance du bouddhisme, du jaïnisme et d'autres ordres d'ascètes.
v. -200	Naissance de la *bahkti.*
v. -200	Naissance du vishnuïsme.
v. -175	Proclamation de l'hindouisme, religion d'État en Inde.
v. 100	Naissance du shivaïsme.
v. 500	Achèvement des Grandes Épopées (*Ramayana*, *Mahabharata*).
v. 500	Construction des premiers temples hindous.
v. 600	Naissance du tantrisme.
1192-1757	Domination de l'Empire musulman.
1400-1500	Renaissance de l'hindouisme. Échanges spirituels et culturels importants avec l'islam.
1834-1886	Ramakrishna, grand mystique hindou.
1857-1947	Colonisation britannique de l'Inde.
1869-1948	Gandhi, dirigeant politique, guide spirituel et opposant non violent à la colonisation britannique.
1896-1977	A.C. Bhaktivedanta Swami Prabhupada, fondateur de « l'Association internationale pour la conscience de Krishna ».
1917-2008	Maharishi Mahesh Yogi, fondateur du Mouvement de la méditation transcendantale. Les Beatles, qui comptaient parmi ses disciples, l'ont fait connaître en Occident.
15 août 1947	Indépendance de l'Inde.
1950	Loi indienne abolissant le système des castes.
1980-	Développement d'un nationalisme hindou représenté par certaines organisations politiques.

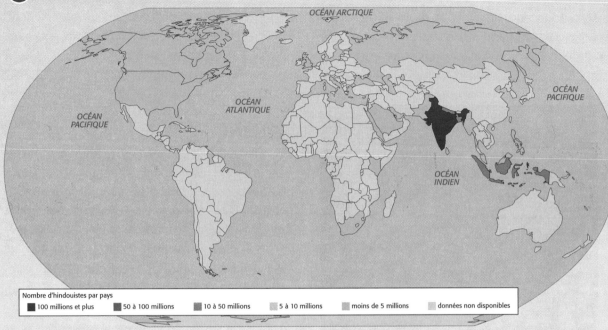

Nombre d'hindouistes par pays
■ 100 millions et plus ■ 50 à 100 millions ■ 10 à 50 millions ■ 5 à 10 millions ■ moins de 5 millions □ données non disponibles

Source : *L'atlas des religions : pays par pays, les clés de la géopolitique*, numéro hors-série, coédition La vie – Le Monde, Paris, 2007, 194 p.

Les croyances

- Karma : loi selon laquelle toute action, bonne ou mauvaise, aura une conséquence de même nature sur son auteur, c'est-à-dire qu'on récolte ce que l'on sème.

- Samsara : cycle des renaissances (vie, mort, réincarnation).

- Moksa : délivrance, libération du samsara (but ultime de l'hindouisme).

Les rites

Il en existe plusieurs.

- *Puja* : prières, récitations de mantras et offrandes (fruits, fleurs, riz, lait, etc.) faites à une divinité devant un petit autel domestique.

- Les pèlerinages : marcher vers Bénarès, l'Himalaya, vers certains temples (Kumbh Mela : pèlerinage très populaire qui a lieu tous les 3 ans ; Maha Kumbh Mela qui a lieu tous les 12 ans).

- Yoga : exercice physique, psychologique et moral visant le plein épanouissement spirituel.

- *Bhakti* : pratiques de dévotion envers une représentation personnelle du divin.

B.42 Chaque année, des millions de pèlerins viennent se purifier dans le Gange.

- Rites tantriques : rites initiatiques de nature ésotériques parfois extrêmes.

- *Darshan* : étreinte, contact visuel, bénédiction reçue par un représentant de la divinité.

Boîte à outils

Les rites de la mort

Le corps est incinéré ou brûlé sur un bûcher et les cendres sont dispersées dans un cours d'eau. Réservé aux intouchables (hors-castes), le rituel ne peut être accompli que par un homme.

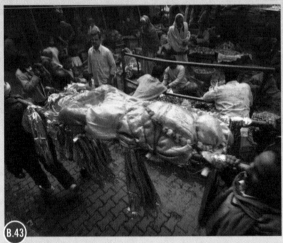

B.43
La dépouille est portée au bûcher.

Les fêtes

• *Durgâ-pûjâ* (en octobre-novembre, « Noël du Bengale » procession de chars transportant l'image de Durga).

• *Holî* : (en mars, fête du printemps et du dieu amour ; relâchement des normes sociales : on s'insulte et on s'asperge de poudres et d'eau colorée).

• *Shivarâti* (en mars, célébration nationale en l'honneur de Shiva ; jeûnes et veilles dans les temples).

• *Sri Vaishnavas* (en avril, célébration en l'honneur de Vishnu et de sa compagne Shrî).

• Ganesha Chaturthi (en septembre, anniversaire du dieu à tête d'éléphant Ganesha).

• Divali : (en octobre, célébration de Rama et de son épouse ; on allume des lampes).

Les règles

• Morales : il s'agit d'abord des quatre buts de la vie (*purushartha*) : *Artha* (prospérité matérielle), *Dharma* (s'acquitter de ses devoirs de caste), *Kâma* (les plaisirs physiques et émotionnels), *Moksha* : la libération ; vient ensuite *Ahimsa* (principe de non-violence), puis karma (loi morale qui dit que l'on récolte ce que l'on sème).

• Alimentaires : le principe de non-violence (*ahimsa*) encourage le végétarisme ; traditionnellement, on mange la nourriture préparée par un membre de sa caste ou celle d'une caste supérieure ; les hindous qui consomment de la viande s'abstiennent de consommer du bœuf (en effet, la vache est tenue pour sacrée, elle représente la mère, la fertilité, la paix).

• Vestimentaires : le tilak (point coloré sur le front représentant en général le troisième œil qui voit à travers l'illusion).

• Médicales : aucune.

L'organisation

Il y a les cinq castes (hiérarchie de devoirs) : brahmanes (enseignement des Veda) ; ksatriyas (politique et

B.44
Holî est la fête du printemps et le festival des couleurs.

B.45
Un enfant reçoit le tilak.

militaire) et vaisyas (agriculture et commerce) ; sudras (au service des trois autres) ; hors-castes (les intouchables tels les expulsés, les étrangers, les impurs...).

Il y a également les gurus (maîtres spirituels qui enseignent à des disciples).

La transmission de la foi

La transmission de la foi se fait par le guru à ses disciples, sur une base volontaire.

La place de la femme

La situation sociale de la femme dans l'hindouisme traditionnel est souvent difficile pour deux raisons : elle a comme devoir d'aimer et de servir son mari et la fille doit être offerte en mariage accompagnée d'argent ou de biens matériels, ce qui endette souvent sa famille.

B.46
La cérémonie du mariage est très longue et haute en couleur.

B.47 Répartition des hindous au Québec par région en 2001

Régions administratives	Population totale	Population hindoue	%
01 Bas-Saint-Laurent	195 545	10	0,005
02 Saguenay–Lac-Saint-Jean	274 315	0	0,0
03 Capitale-Nationale	628 515	220	0,04
04 Mauricie	249 705	15	0,01
05 Estrie	279 705	55	0,02
06 Montréal	1 782 830	22 315	1,3
07 Outaouais	312 820	60	0,02
08 Abitibi-Témiscamingue	144 355	0	0,0
09 Côte-Nord	96 895	10	0,01
10 Nord-du-Québec	38 495	0	0,0
11 Gaspésie–Îles-de-la-Madeleine	95 465	0	0,0
12 Chaudière-Appalaches	376 575	25	0,01
13 Laval	339 000	455	0,1
14 Lanaudière	383 340	0	0,0
15 Laurentides	454 525	40	0,01
16 Montérégie	1 260 150	1 280	0,1
17 Centre-du-Québec	213 345	30	0,01
Le Québec	**7 125 580**	**24 515**	**0,3**

Source : D'après les données fournies par l'Institut de la statistique du Québec, recensement 2001.

L'hindouisme au Québec

1915-1965	Acte canadien d'exclusion des Asiatiques.
1950-1960	Entrée des premières familles indiennes.
1960	Indépendance des États africains. Immigration vers les pays du Commonwealth des Indiens vivant en Afrique.
v. 1960	Diffusion de l'hindouisme à travers la contre-culture hippie.
v. 1970	Création des premières organisations religieuses hindoues.
1980-	Apparitions de nombreux centres de yoga aux approches diverses.
1989	Création de la seule chaire d'étude de l'hindouisme en Amérique du Nord à l'Université Concordia.

Boîte à outils

Les spiritualités des peuples autochtones du Québec

Fondateur
Aucun reconnu.

Symboles principaux
Le cercle ou roue-médecine, symbole de l'harmonie, des cycles de la vie et de la communion entre les êtres ; les points cardinaux ou les quatre grandes forces naturelles ; le totem qui est l'expression d'une tribu ou d'une famille à travers un animal qui les représente ; le capteur de rêves ; le tambour symbole du pouls de l'Univers, de la Terre-Mère.

Noms du divin
Être suprême (Grand-Esprit, Grand-Manitou) ; les esprits qui varient selon les nations, Sedna (esprit inuit de la mer) ; Papakassik (Innus) ; Manitous (Algonquiens) ; Okki (Hurons et Iroquois), et de nombreux autres.

Nom des croyants
Les principales divisions sont les spiritualités amérindiennes (ensemble de croyances dont plusieurs sont communes à d'autres nations) ; les Inuits (groupe ethnique distinct, traditionnaliste) ; les chrétiens (suite à l'évangélisation, acculturation chrétienne de plusieurs communautés amérindiennes).

Récits sacrés
La Grande Tortue (Mohawks) ; Aataentsic (Hurons-Wendats) ; Nanabojo (Algonquins) ; Glouskap (Abénakis, Micmacs) ; Sedna (Inuits).

Lieux de sépulture
Ces lieux demeurent sacrés en tout temps.

Lieux de culte
La tente de sudation et dans le territoire traditionnel.

B.48
Un capteur de rêves.

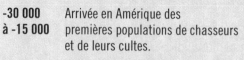

Chronologie

-30 000 à -15 000	Arrivée en Amérique des premières populations de chasseurs et de leurs cultes.
-1000	Arrivée des premiers ancêtres des Inuits. Sédentarisation des populations amérindiennes.
1492	Population de cinq millions d'Amérindiens en Amérique du Nord.
1500-1600	Introduction du christianisme par les colonisateurs.
1537	Reconnaissance de l'humanité des Amérindiens par le pape Paul III. Il les désigne aptes à recevoir la foi chrétienne.
1634	Grandes épidémies qui déciment les populations amérindiennes (variole).
1608	Évangélisation des Algonquins par les Récollets.
1632	Première mission jésuite chez les Innus.
1700	Essor des mouvements prophétiques dans les spiritualités amérindiennes.
1876	Loi sur les Sauvages qui, entre autres, crée les réserves.
1880	Population de 300 000 Amérindiens en Amérique du Nord.
v. 1960	Création du *American Indian Movement* aux États-Unis. Retour aux spiritualités et aux pratiques traditionnelles.
1980	Béatification de la première sainte amérindienne, Kateri Tekakwitha (1656-1680).

Vivre ensemble 1

Les croyances

Il y a le monde visible des humains et le monde invisible des esprits. Tous les éléments de la nature sont sacrés et sont animés par l'Esprit. Tous les êtres sont inter-dépendants. Il y a harmonie cosmique et équilibre. Les rêves constituent des messages du monde invisible.

Les rites

Les rites sont variés. On trouve les jeûnes (privations sous l'autorité d'un ancien) ; la tente à sudation (on y accomplit des rites de prière, de purification et de guérison) ; les rites de passages (naissance, premiers pas, puberté, mort, premier gibier, etc.) ; les rites de guérison (on cherche à rencontrer l'âme du malade) ; les rites saisonniers de chasse, de pêche, des semailles, des moissons ; la pipe sacrée (fumée lors de rencontres importantes) ; le rite de la tente tremblante chez les Algonquiens (entretien des bonnes relations entre les humains et les esprits, le chaman en transe entre en contact avec les esprits et d'autres chamans pour s'in-former de ce qui se passe sur d'autres territoires). Ces rites trouvent aussi leur expression par la danse et les chants sacrés. Chez les communautés christianisées, notons le pèlerinage à Sainte-Anne-de-Beaupré et les dévotions à Marie et à sainte Anne (Innus et Micmacs).

Les rites de la mort

Ils comprennent des cérémonies procédant à des prières, à des remerciements et à une communion avec le Grand-Esprit. Il y a attribution d'un nom (d'un animal ou d'un ancêtre) pour l'entrée dans la vie après la mort. Plusieurs autres rites peuvent suivre un décès (jeûne, abstinence, offrandes, repas, enterrement).

Les fêtes

- Pow-wow : danses et musique (ces fêtes renforcent le sentiment d'appartenance à la tribu et entretiennent les solidarités intertribales ; on y pratique parfois le *potlatch* ou partage de biens.
- La danse du soleil (pratiqué après le solstice d'été, ce rituel fête le renouveau et rapproche les membres du groupe ; chez les Cris, transe individuelle apportée par les douleurs d'être suspendu à un poteau par des crochets insérés dans la peau).
- La quête de la vision (chez les Algonquiens), rite qui permet à l'initié d'entrer en contact avec le monde des esprits, sous la forme d'une vision animale ou d'un rêve.

B.49 Un danseur en costume traditionnel dans un pow-wow mohawk.

Les règles

- Morales : peu de contraintes, la liberté individuelle est très respectée, mais un acte nuisible aura des conséquences sur son auteur.
- Alimentaires : prières et bénédictions précédent la chasse, la pêche et la cueillette (il y a aussi les jeûnes rituels).
- Vestimentaires : les cheveux peuvent être consi-dérés comme sacrés et gardés longs ; le sac de médecine contient des plantes prescrites par un ancien et des objets reliés aux esprits protecteurs ; des costumes sont traditionnels selon les commu-nautés (inscriptions marquant des événements importants, coiffures particulières).
- Médicales : grande importance donnée à l'herboris-terie, aux produits de la nature et aux techniques de guérisons naturelles.

L'organisation

Chaque membre a une responsabilité pour garder l'harmonie et l'équilibre. Au besoin, il fera appel aux anciens (sages pouvant interpréter les rêves et accom-plir différents rites de guérison, transmettre leurs connaissances aux prochaines générations) et au chaman (personnage qui fait le pont entre le monde des esprits et celui des humains, sa fonction est d'éviter les désordres qui pourraient survenir avec des mauvais esprits – pénurie de chasse, mauvais temps météorologique, épidémie, etc.).

Boîte à outils

La transmission de la foi

Chaque membre apprend sa foi par l'observation et en vivant différents rituels. Le chaman hérite son rôle de sa famille, reçoit l'appel d'un esprit ou l'acquiert à la suite d'une quête personnelle volontaire.

La place de la femme

La femme représente la Terre-Mère et incarne la fécondité. Elle veille à la croissance et à la socialisation des enfants. Toutes les activités des femmes feront d'elles des Gardiennes de la vie.

B.51 Population amérindienne et inuite au Québec au 31 décembre 2006

Nations	Total
Abénakis	2 074
Algonquins	9 498
Attikameks	6 163
Cris	15 120
Hurons-Wendat	2 999
Innus	15 915
Malécites	775
Micmacs	5 026
Mohawks	11 472
Naskapis	637
Inuits	10 423
Total	**80 172**

Source : Affaires indiennes et du Nord Canada.

B.50 Les 11 nations

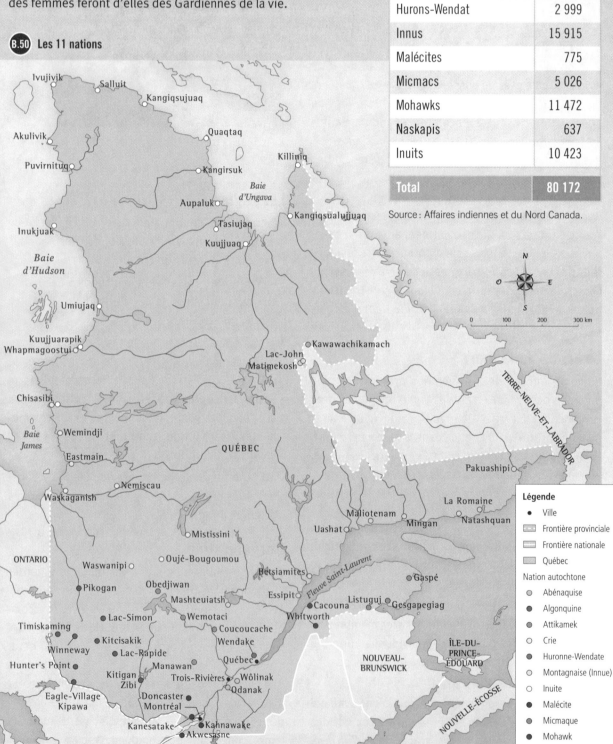

Légende

- • Ville
- Frontière provinciale
- Frontière nationale
- Québec

Nation autochtone
- ◉ Abénaquise
- ● Algonquine
- ◉ Attikamek
- ○ Crie
- ● Huronne-Wendate
- ◎ Montagnaise (Innue)
- ○ Inuite
- ● Malécite
- ● Micmaque
- ● Mohawk
- ◉ Naskapie

Source : d'après *Les nations*, ministère des Affaires indiennes et du Nord Canada.

Vivre ensemble 1

Les régions administratives du Québec

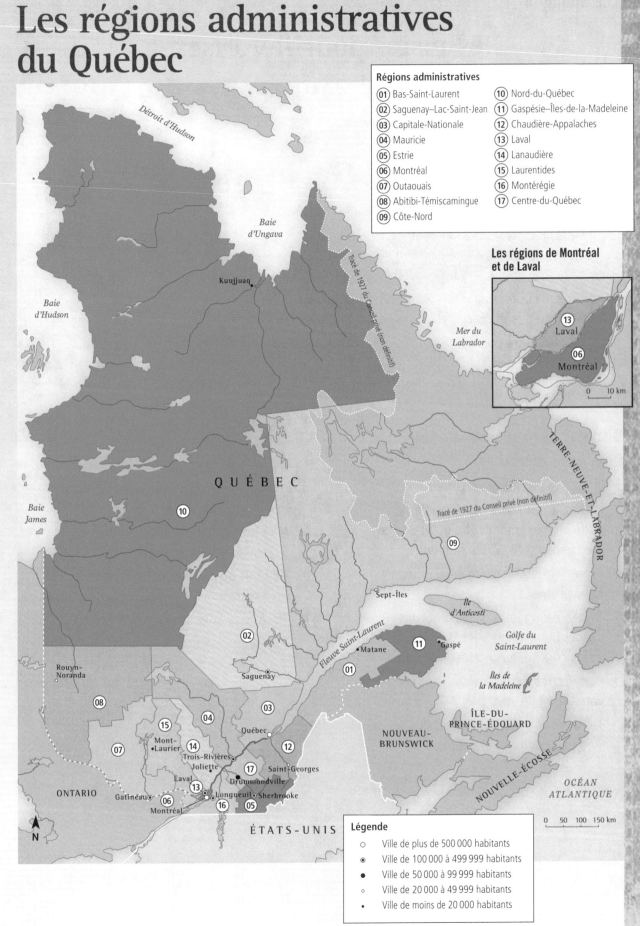

Régions administratives

- (01) Bas-Saint-Laurent
- (02) Saguenay–Lac-Saint-Jean
- (03) Capitale-Nationale
- (04) Mauricie
- (05) Estrie
- (06) Montréal
- (07) Outaouais
- (08) Abitibi-Témiscamingue
- (09) Côte-Nord
- (10) Nord-du-Québec
- (11) Gaspésie–Îles-de-la-Madeleine
- (12) Chaudière-Appalaches
- (13) Laval
- (14) Lanaudière
- (15) Laurentides
- (16) Montérégie
- (17) Centre-du-Québec

Les régions de Montréal et de Laval

(13) Laval
(06) Montréal
0   10 km

Détroit d'Hudson

Baie d'Ungava

Baie d'Hudson

Kuujjuaq

Mer du Labrador

TERRE-NEUVE-ET-LABRADOR

Tracé de 1927 du Conseil privé (non définitif)

QUÉBEC

Baie James

(10)

Tracé de 1927 du Conseil privé (non définitif)

(09)

Sept-Îles

Île d'Anticosti

Golfe du Saint-Laurent

Rouyn-Noranda

(02)

Saguenay

Fleuve Saint-Laurent

(11)   •Gaspé

Matane

(01)

Îles de la Madeleine

ÎLE-DU-PRINCE-ÉDOUARD

(08)

(04)

(03)

Québec

NOUVEAU-BRUNSWICK

(15)

Mont-Laurier

(14)

Trois-Rivières

Joliette

(17)   Saint-Georges

(12)

(07)

Laval

(13)

Drummondville

Gatineau

(06)

Longueuil   •Sherbrooke

NOUVELLE-ÉCOSSE

ONTARIO

Montréal

(16)   (05)

OCÉAN ATLANTIQUE

N

ÉTATS-UNIS

0   50   100   150 km

Légende

- ○ Ville de plus de 500 000 habitants
- ◉ Ville de 100 000 à 499 999 habitants
- ● Ville de 50 000 à 99 999 habitants
- ○ Ville de 20 000 à 49 999 habitants
- • Ville de moins de 20 000 habitants

Boîte à outils

dialogue Des pistes pour favoriser le dialogue

Préparez-vous.

1. Établissez et respectez la façon de procéder.

2. Cernez le but poursuivi.

3. Délimitez le sujet.

4. Faites de la recherche sur ce sujet. Est-ce un sujet : controversé ? d'actualité ? qui fait l'unanimité ? Gardez l'esprit ouvert, utilisez votre jugement critique.

5. Mettez de l'ordre dans vos idées. Elles doivent être claires, nettes et précises !

6. Élaborez votre point de vue. Faites preuve de cohérence, évitez les pièges !

Discutez avec vos camarades.

Quand vous parlez :

1. Tenez des propos respectueux.

2. Prenez le temps de nuancer, d'éclaircir et de bien exprimer votre point de vue, vos perceptions, vos sentiments.

3. Prêtez attention aux manifestations non verbales.

4. Évitez les jugements, les procédés susceptibles d'entraver le dialogue et les conclusions hâtives.

5. Donnez des exemples pour appuyer votre point de vue.

6. Demandez à vos camarades s'ils ont bien compris vos idées.

Quand vos camarades parlent :

1. Prêtez attention à leurs propos pour en comprendre le sens.

2. Manifestez de l'ouverture et du respect à l'égard de ce qui est exprimé.

3. Adoptez une attitude qui favorise le bien commun et le vivre-ensemble.

4. Posez des questions lorsque vous ne comprenez pas.

Faites le point.

1. Qu'est-ce qui est communément accepté ?

2. Qu'est-ce qui est compris ?

3. Qu'est-ce qui crée des tensions ?

Les formes du dialogue

La conversation

Échange entre deux ou plusieurs personnes dans le but de partager des idées ou des expériences.

Par exemple : Deux personnes parlent de leurs dernières vacances.

La discussion

Échange, suivi et structuré, d'opinions, d'idées ou d'arguments dans le but d'en faire l'examen.

Par exemple : Des élèves analysent le code de vie à l'école afin d'en comprendre toutes les implications.

La narration

Récit détaillé, écrit ou oral, d'une suite de faits et d'événements.

Par exemple : Une grand-mère raconte sa vie à ses petits-enfants.

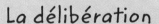

La délibération

Examen avec d'autres personnes des différents aspects d'une question (des faits, des intérêts en jeu, des normes et des valeurs, des conséquences probables d'une décision, etc.) pour en arriver à une décision commune.

Par exemple : La directrice demande à un groupe d'élèves et de parents d'examiner la question de l'alimentation à la cafétéria de l'école afin de décider des meilleurs menus à offrir.

Boîte à outils

L'entrevue

Rencontre concertée de deux ou de plusieurs personnes pour en interroger une sur ses activités, ses idées, ses expériences, etc.

Par exemple : Une journaliste rencontre un musicien pour l'interviewer sur son dernier album.

Le débat

Échange encadré entre des personnes ayant des avis différents sur un sujet controversé.

Par exemple : Des chercheurs et un groupe de cégépiens se rencontrent et exposent tour à tour leurs points de vue et leurs recherches sur la production de l'électricité au Québec.

Le panel

Rencontre entre quelques personnes choisies pour leurs connaissances sur une question donnée afin d'exposer leurs points de vue respectifs, de dégager une vision d'ensemble et d'échanger avec un auditoire.

Par exemple : Un producteur de poulet, une biochimiste, une végétarienne et un enseignant en activité physique se rencontrent lors d'une émission de télévision pour se prononcer sur la question de l'importance des protéines dans l'alimentation. Le public est présent et peut poser des questions.

dialogue Comment élaborer un point de vue

Une méthode pour décrire

1. Ciblez précisément le sujet de la description.

2. Établissez l'ordre de présentation des éléments de la description. Par exemple :
   - commencez par des points d'ordre général et allez à des points plus précis ;
   - suivez l'ordre dans lequel les éléments apparaissent dans la réalité ;
   - commencez par ce qui est évident et allez vers ce qui l'est moins.

3. Posez-vous des questions en utilisant les marqueurs suivants et assurez-vous que votre description y répond.
   - **Qui**…? Qui est-ce qui…? De qui…? À qui…?
   - Qu'est-ce **que**…? Qu'est-ce qui…? De quoi…?
   - **Quand** est-ce que…?
   - **Où** est-ce que…?
   - **Comment** est-ce que…?
   - **Pourquoi** est-ce que…?
   - **Combien** est-ce que…?

4. Faites une conclusion qui reprend les principaux éléments de la description.

La description

Énumération de caractéristiques propres à une situation d'ordre éthique ou à une expression du religieux. La description doit permettre une représentation la plus complète possible de la situation d'ordre éthique ou de l'expression du religieux.

La description sert à présenter ou à faire voir aux lecteurs les lieux, les personnages, les expressions du religieux, les situations, etc.

Une méthode pour comparer

1. Déterminez précisément les éléments à comparer.

2. Trouvez des aspects comparables. Par exemple :
   - les personnes concernées ;
   - le déroulement.

3. Notez les ressemblances. Pour exprimer des ressemblances, utilisez des expressions comme :
   - aussi… que… ; le même… que… ; comme… ; semblable à… ; ressembler à…

4. Notez les différences. Pour exprimer des différences, utilisez des expressions comme :
   - plus… que… ; moins… que… ; tandis que… ; différent de… ; se distinguer de…

5. Décidez de ce qui est le plus important.

6. Placez vos idées en ordre. Par exemple :
   - commencez par des choses d'ordre général et allez à des points plus précis ;
   - suivez l'ordre dans lequel les éléments apparaissent dans la réalité ;
   - commencez par ce qui est évident et allez vers ce qui l'est moins.

7. Tirez vos conclusions. Par exemple :
   - quels sont les avantages et les inconvénients des divers éléments ?
   - qu'avez-vous découvert de nouveau ?
   - que choisissez-vous ?

La comparaison

Établissement de différences ou de ressemblances entre deux ou plusieurs éléments.

La comparaison permet de faire ressortir les différences et les ressemblances entre des éléments.

Boîte à outils

209

Une méthode pour faire une synthèse

1. Notez ou surlignez toutes les idées et tous les arguments pertinents.
2. Éliminez ce qui n'est pas important.
3. Reformulez dans vos propres mots.
4. Organisez les éléments dans un ordre logique. Par exemple :
   • suivez le même ordre de présentation que dans le texte ou l'exposé ;
   • commencez par ce qui est le plus important ;
   • suivez l'ordre chronologique.
5. Prévoyez une nouvelle présentation des informations.

La synthèse

Résumé rassemblant les éléments principaux (idées, faits, expériences, arguments, etc.) d'une discussion, d'un récit ou d'un texte, dans un ensemble cohérent.

La synthèse permet d'organiser les informations en un tout cohérent.

Une méthode pour expliquer

1. Ciblez précisément ce que vous voulez expliquer.
2. Décidez de la forme que prendra votre explication :
   • un article de revue ou de journal ;
   • un schéma explicatif ;
   • un texte qui présente un problème et une solution.
3. Pensez à ce que vous savez déjà sur le sujet, à l'aide de questions (Qui ?, Quoi ?, Où ?, Comment ?, Pourquoi ?).
4. Rassemblez l'information nécessaire pour répondre à la question « Pourquoi ? » et choisissez ce qui est le plus pertinent.
5. Donnez les informations nécessaires. Faites des liens entre les éléments de l'explication. Utilisez des expressions comme :
   • parce que… ; étant donné que… ; par conséquent… ; donc…
6. Variez votre vocabulaire et utilisez différents procédés pour faciliter la compréhension. Par exemple :
   • donnez des exemples ; • reformulez certains passages ;
   • donnez des définitions ; • donnez le sens de certains symboles.
7. Si votre explication est longue, terminez en la résumant brièvement.

L'explication

Développement destiné à faire connaître ou comprendre le sens de quelque chose.

L'explication permet de répondre aux questions « Pourquoi… ? » « Comment se fait-il que… ? » et donne des causes, des raisons, des motifs et des conséquences.

La clé du succès de cette opération ? Les faits !

Une méthode pour faire une justification

1. Formulez votre point de vue.
2. Prenez conscience de ce que vous ressentez par rapport au sujet et pensez aux réactions que peut susciter votre point de vue.
3. Cherchez des idées ou des arguments pour appuyer votre point de vue. Par exemple :
   • réfléchissez à partir des faits que vous observez ;
   • consultez différentes sources ;
   • pensez aux arguments de quelqu'un qui ne partage pas votre point de vue ;
   • pensez aux objections possibles.
4. Décidez de ce qui est le plus pertinent pour justifier votre point de vue.
5. Ajoutez un ou plusieurs exemples à vos arguments.
6. Établissez l'ordre de présentation de vos idées et de vos arguments. Par exemple :
   • partez du plus simple pour aller vers le plus compliqué ;
   • partez de ce qui est plus compliqué, pour simplifier ensuite ;
   • partez de ce qui est le plus évident dans les faits.
7. Si votre justification est longue, terminez en la résumant brièvement.

La justification

Présentation d'idées et d'arguments logiquement reliés afin de démontrer ou de faire valoir un point de vue. Une justification a pour but de présenter les motifs d'une opinion ou de convaincre les autres du bien-fondé de son point de vue.

Le défi ? Éviter les pièges qui peuvent entraver le dialogue !

dialogue Comment interroger un point de vue

Il est important d'examiner les points de vue et les opinions que vous élaborez, que vous entendez, que vous lisez. Posez-vous des questions.

• Les éléments utilisés sont-ils assez nombreux ?

• Les éléments utilisés sont-ils cohérents ?

• L'argumentation est-elle rigoureuse ?

De plus, repérez les jugements qui sont portés ; c'est d'une importance capitale. Les jugements mal fondés et les erreurs de jugement peuvent être une source de malentendus. Ils peuvent constituer des obstacles au dialogue et empêcher les échanges de progresser.

Une méthode pour juger de l'organisation des idées

Vérifiez les raisons évoquées

1. Quelles raisons avance la personne pour justifier son point de vue ?
2. Les raisons avancées sont-elles clairement exprimées ?
3. Les raisons sont-elles pertinentes ?
4. Les raisons avancées sont-elles assez nombreuses pour soutenir le point de vue ?
5. Existe-t-il des raisons autres que celles qui sont données ?

Évaluez la clarté

1. Le point de vue est-il cohérent et non contradictoire ?
2. Le point de vue repose-t-il sur plusieurs critères ou sur un seul critère ?
3. Y a-t-il assez d'éléments pour justifier le point de vue ?

Une méthode pour analyser le point de vue

Cherchez ce qui est à l'origine

1. Le point de vue est-il réaliste, conforme à la réalité ?
2. Le point de vue s'appuie-t-il sur des jugements ? Si oui, lesquels ?
3. Pourquoi la personne pense-t-elle ainsi ?
4. L'argumentation comporte-t-elle des procédés susceptibles d'entraver le dialogue ?
5. La personne est-elle influencée par les autres ?

Prêtez attention au respect du vivre-ensemble

1. Le point de vue tient-il compte du vivre-ensemble ?
2. Le point de vue est-il conforme au respect des droits et libertés de l'être humain ?
3. Le point de vue tient-il compte de la loi ?

Prévoyez les conséquences

1. Existe-t-il des conséquences non souhaitées ?
2. Existe-t-il des conséquences imprévisibles ?
3. Quelles sont les conséquences pour les autres personnes ?
4. Est-ce que les conséquences sont identiques pour tout le monde ?

Boîte à outils

Les types de jugements

Le jugement de préférence

Énoncé dans lequel une personne exprime ses goûts ou ses préférences.

Exemples :
- *Je trouve que la liberté est plus importante que l'argent.*
- *Jouer de la guitare est l'activité que j'aime le plus.*

Le jugement de prescription

Énoncé qui exprime une obligation.

Exemples :
- *Tu ne tueras point.*
- *Il est interdit de traverser la rue au feu rouge.*

Le jugement de valeur

Énoncé dans lequel une personne affirme ses valeurs.

Exemples :
- *La santé est plus importante que l'argent.*
- *Il est important de se respecter.*

Le jugement de réalité

Énoncé qui consiste en une observation sur un fait, un événement ou une personne.

Un jugement de réalité peut être faux.

Exemples :
- *L'église, la synagogue et la mosquée sont des lieux de prière.*
- *La Bible et le Coran sont des livres sacrés.*
- *J'ai vu Marie au cinéma.*

Les procédés susceptibles d'entraver le dialogue

1 La généralisation abusive

Faire une généralisation, c'est tirer une conclusion générale à partir d'un seul cas ou de quelques cas isolés, sans vérifier si cela suffit pour en arriver à cette conclusion.

> J'ai raté mon premier examen de mathématique. Je suis certaine que je vais rater les autres.

> Justine, tu ne peux pas dire ça. C'est juste le premier examen. S'il le faut, va chercher de l'aide ou va en récupération. Tu vas sûrement réussir les autres.

2 L'attaque personnelle

Faire une attaque personnelle, c'est critiquer un aspect d'une personne, plutôt que de critiquer ses arguments.

> Comment voulez-vous que Corinne soit une bonne représentante de classe ? Elle passe ses fins de semaine à lire et à jouer aux échecs !

> Évalue donc ses arguments et ses projets pour le conseil de classe, plutôt que de parler de ses loisirs !

3 L'argument d'autorité

Utiliser un argument d'autorité, c'est faire appel incorrectement à une personne en position d'autorité pour appuyer un argument.

> Je suis certaine que les pommes vertes sont plus nourrissantes que les rouges : le père de mon amie, qui est chercheur en biologie, me l'a dit hier soir.

> Je vais vérifier cette information. Ce n'est pas parce que c'est le père de ton amie qu'il a toujours raison.

4 L'appel à la popularité

Faire un appel à la popularité, c'est utiliser un argument pour dire qu'une chose est vraie, bonne ou acceptable uniquement parce qu'un grand nombre de personnes le dit.

5 L'appel au clan

Faire un appel au clan, c'est utiliser comme argument l'opinion d'un groupe de personnes que l'on juge estimables.

6 L'appel au préjugé

Faire un appel au préjugé, c'est utiliser un argument basé sur une opinion préconçue, sur une idée toute faite, favorable ou défavorable, et qui est souvent imposée par le milieu, l'époque ou l'éducation.

7 L'appel au stéréotype

Faire un appel au stéréotype, c'est utiliser un argument qui contient une image figée d'un groupe de personnes et qui ne tient pas compte des singularités de chaque individu. Cette image est généralement négative et basée sur des renseignements faux ou incomplets.

8 La double faute

La double faute consiste à dire qu'on a le droit de faire une bêtise parce que d'autres personnes font la même.

9 La caricature

La caricature déforme la pensée ou la position de quelqu'un en les représentant de manière simplifiée ou exagérée.

10 Le faux dilemme

Le faux dilemme, c'est le fait de présenter deux choix : le premier choix étant inacceptable, on se voit donc dans l'obligation de choisir l'autre possibilité.

11 La fausse causalité

C'est dire qu'un phénomène est la cause d'un autre phénomène, alors qu'il n'y a pas vraiment de lien entre les deux.

12 La fausse analogie

Une fausse analogie, c'est dire qu'une chose est pareille à une autre, alors qu'elle ne fait que lui ressembler un peu. C'est tirer une conclusion à partir de cette ressemblance.

13 La pente fatale

La pente fatale, c'est le fait d'affirmer qu'une action va nécessairement causer une suite de situations épouvantables qui mèneront à coup sûr à un désastre.

14 Le complot

Le complot, c'est quand on pense qu'une situation est nécessairement causée par ceux qui profitent de cette situation.

Glossaire

Aède : poète épique dans la Grèce antique.

Ange : être spirituel, intermédiaire entre Dieu et les êtres humains.

Annonciation : message de l'archange Gabriel à la Vierge Marie pour lui annoncer qu'elle sera la mère du Messie.

Apollon : dieu grec de la beauté, un grand séducteur et un maître incontesté de la musique. Il inspire les musiciens et les poètes. Il est également le dieu de la divination et de la médecine.

Archange : être spirituel, intermédiaire entre Dieu et les êtres humains, placé au-dessus de l'ange dans la hiérarchie angélique.

Autel : table où l'on célèbre la messe.

Besace : long sac à deux poches possédant une ouverture au milieu.

Calice : coupe sacrée dans laquelle se fait la consécration du vin pendant la messe.

Cellule souche : cellule qui ne joue pas de rôle particulier dans l'organisme. Elle a cependant la capacité de se diviser un très grand nombre de fois et de se transformer en différentes cellules.

Chaire : tribune élevée du haut de laquelle un prêtre adresse aux fidèles ses instructions et ses enseignements.

Chasuble : vêtement porté par les prêtres lors de certains rites catholiques.

Chérubin : être spirituel, intermédiaire entre Dieu et les êtres humains, représenté sous les traits d'un petit enfant muni d'une paire d'ailes.

Ciboire : coupe où l'on place les hosties consacrées.

Dévotion : attachement profond aux pratiques religieuses.

Enjeu éthique : valeur ou norme qui est abordée dans une question éthique. Par exemple : « Quelle serait la meilleure façon de se comporter avec les fumeurs ? » Cette question a pour enjeu éthique la tolérance.

Expression du religieux : Élément qui a un lien avec la religion et dont on perçoit la présence dans la société. Par exemple : la Torah, la fête de Noël, le minaret, la prière et certains noms de rue faisant référence à des saints sont des expressions du religieux.

Faire œuvre de paix : acte de bienfaisance ou action humaine, jugée au regard de la loi religieuse ou morale.

Fécond : qui possède la capacité de se reproduire.

Firmament : ciel.

Fonts baptismaux : bassin qui contient l'eau destinée aux baptêmes.

Frégate : ancien navire de guerre.

Fumée secondaire : fumée que les fumeurs expirent et qui provient d'une cigarette, d'un cigare ou d'une pipe.

Hadès : dieu grec de la mort et de l'abondance. Hadès apparaît comme un dieu détesté, orgueilleux, cruel, fier de ses privilèges et un grand séducteur.

Idole : représentation d'une divinité que l'on vénère comme s'il s'agissait de la divinité elle-même.

Innocuité : qualité de ce qui n'est pas nuisible, sans danger.

Juré : citoyen ou citoyenne faisant partie d'un jury, amené à se prononcer dans le jugement en cour d'une affaire criminelle.

Lyre : ancien instrument de musique à cordes.

Maître-autel : autel principal d'une église.

Miséricorde : bonté, charité, compassion.

Mythe : récit fabuleux, transmis de génération en génération, dont l'action et les héros ont une valeur symbolique.

Mythologie grecque : ensemble des mythes et légendes de la Grèce antique.

Norme : exigence qui guide un comportement. Les principes moraux et les règles morales sont des normes. Les normes balisent les comportements, c'est-à-dire qu'elles tracent des chemins à suivre.

Persécuté : qui subit des tourments injustes et cruels sans relâche.

Piratage numérique : reproduction de l'enregistrement d'une œuvre sans payer.

Principe moral : norme qui définit ce qu'il est nécessaire de faire (ou de ne pas faire) pour atteindre ce qui est considéré comme bien. Par exemple, l'énoncé « ne fais pas aux autres ce que tu ne voudrais pas qu'on te fasse » est un principe moral.

Prolifique : qui possède la qualité de se reproduire en abondance.

Question éthique : question qui porte sur des valeurs ou des normes.

Règle morale : norme qui précise comment on applique un principe moral. Par exemple, la règle « il est interdit de pirater des logiciels » peut être une application du principe « tu ne dois pas voler ton prochain ».

Repère : élément de la société qui permet d'alimenter une réflexion. Les repères peuvent être d'ordre moral, religieux, scientifique, littéraire ou artistique.

Salut de l'humanité : promesse originelle pour libérer les habitants de la Terre de la malédiction du péché.

Samaritain : un « Samaritain » est un juif de Samarie, une région de l'actuelle Cisjordanie. Dans ses enseignements, Jésus Christ mentionne la bonté et la compassion d'un Samaritain qui, en voyage, est venu en aide à un inconnu gravement blessé. L'expression « être un bon samaritain » ou « être une bonne samaritaine » signifie qu'une personne a porté secours à une autre en détresse.

Sépulcre : tombeau où est déposé un mort.

Séraphin : être spirituel représenté avec trois paires d'ailes.

Sujet : personne qui est soumise à une étude, à une observation.

Tabernacle : petite armoire qui contient le ciboire, qui sert à conserver les hosties consacrées.

Unicité : caractère de ce qui est unique.

Utopie : projet qui ne tient pas compte de la réalité.

Valeur : caractère attribué à des choses, à des attitudes ou à des comportements qui sont plus ou moins estimés ou désirés par les individus. Une valeur peut parfois servir de critère pour évaluer si un comportement est acceptable. Par exemple, l'honnêteté, le respect des animaux, le droit à la liberté, le courage, le sens de la famille sont des valeurs.

Vin de palme : boisson fabriquée avec de la sève de palmier fermentée.

Vision du monde : regard que l'on porte sur soi et sur son entourage. Ce regard donne un sens aux pensées, aux sentiments et aux comportements de chaque individu. Il fournit également une explication sur la vie ou le vécu. La vision du monde diffère d'un individu à l'autre, selon les expériences de vie, les relations humaines, les valeurs, les normes, les croyances ou les convictions. Elle est appelée à se transformer au fil du temps.

Volute : forme enroulée en spirale.

Index

Sources iconographiques

AGENCE FRANCE-PRESSE
p. 159 (10.11)

AKG IMAGES
p. 15 et 16 (2.3)
p. 15 et 16 (2.5) : P. Connolly
p. 15 et 16 (2.9) : Rabatti-Domingie
p. 103 (7.6)

ALAMY
p. 60 (4.12) : P. Behnke
p. 72 (5.13) : Picture Partners
p. 95 (6.13) : Ingolf Pompe 29
p. 117 (8.6) : Image Source Black
p. 153 (10.5) : PHOTOTAKE Inc.
p. 154 (10.7) : M. Blenkinsop

ANDICHA N'DE WENDAT
p. 88 (6.9) : Tambour des femmes

ARCHIVES DESCHÂTELETS OTTAWA, ONTARIO
p. 38 (3.13)

ART RESOURCE, NY
p. 82 (6.4) : E. Lessing

BIBLIOTHÈQUE ET ARCHIVES CANADA
p. 35 (3.7) : Fonds Livernois
p. 40 (3.18)

BNF
p. 55 (haut)

BRIGITTE OSTIGUY
p. 132 (9.5)
p. 135 (9.6)
p. 137 (9.13)
p. 137 (9.14)

CITÉ-AMÉRIQUE INC.
p. 100 (7.3) : Nicole Rivelli, CQ2

CORBIS
p. 15 et 16 (2.1) : T. Grill
p. 15 et 16 (2.2) : Archivo Iconografico, S.A.
p. 15 et16 (2.4) : Historical Picture Archive
p. 15 et 16 (2.6) : ARKO DATTA, Reuters
p. 19 (2.10) : B. Thomas
p. 19 (2.11) : P. M. Wilson
p. 20 (2.12) : E. Suetone, Hemis
p. 20 (2.13) : JP Laffont, Sygma
p. 21 : D. Gulin
p. 30 (2.18) : A. Inden, zefa
p. 31-33 (3.1) : P. A. Souders
p. 39 (3.17) : Gunter Marx Photography
p. 40 (3.19) : Bettmann
p. 56 (4.10) : A. Serra, In Visu
p. 61 (5.2) : J. Leynse
p. 68 (5.9) : K. Mason Blair
p. 80 (5.15) : J. Le Fortune, zefa
p. 81 (6.1) : P. Deliss, Godong
p. 81 (6.3) : J. Horowitz, zefa
p. 86 (6.5) : B. Sporrer, zefa
p. 86 (6.6) : The Gallery Collection
p. 103 (7.5) : Richard T. Nowitz
p. 104 (7.7) : J. Shaw, Reuters
p. 108 (7.13) : M. A. Johnson
p. 113 (8.2) : Mango Productions
p. 117 (8.5) : G. Houlder
p. 118 (8.7) : K. Dodge
p. 118 (8.8) : K. Kaminesky, Take 2 productions
p. 119 (8.9) : D. Rousselot, zefa
p. 119 (8.10) : Christie's Images
p. 120 (8.13) : J. Klee
p. 121 (8.15) : J. L. Pelaez, Inc
p. 121 (8.16) : McMahon, zefa
p. 122 (8.17) : S. Johann
p. 122 (8.18) : A. Huber, U. Starke, zefa
p. 122 (8.19) : A. Potignon, Sygma
p. 138 (9.16) : T. Gentile, Reuters
p. 147 (10.1) : R. Benali
p. 148 (10.2) : Reuters
p. 157 (10.8) : N. Feanny, SABA
p. 160 (10.12) : Niven, zefa
p. 162 (haut) : Images.com
p. 168 (10.15) : Floresco Productions

CP IMAGES
p. 36 (3.10) : D. Papadopoulos
p. 46 (3.21) : I. Barrett
p. 52 (4.7), haut : R. Poling
p. 52 (4.7), centre : J. Nadeau
p.52 (4.7), bas : B. Grimshaw
p. 61 (5.1) : D. Stemler
p. 68 (5.10) : J. Hordle, © Rex Features (2005) all rights reserved
p. 71 (5.12) : M. Chamberland, Montréal *La Presse*
p. 72 (5.14) : C. Fohlen, ABACAPRESS.CO
p. 108 (7.12) : AP Photo, Str

DIVISION DE DESMARAIS ET ROBITAILLE, MONTRÉAL
p. 138 (9.15)

ÉGLISE NOTRE-DAME-DE-LA-PRÉSENTATION
p. 136 (9.10) : P. Bernard

FONDATION DU PATRIMOINE RELIGIEUX DU QUÉBEC
p. 132 (9.2)
p. 132 (9.4)
p. 136 (9.11)

FRANÇOIS PRÉVOST
p. 104 (7.8)

GOUVERNEMENT DU QUÉBEC, 2008
p. 55 (4.9) : M. Bigras, Conseil québécois sur le tabac et la santé, Ministère de la Santé et des Services sociaux du Québec

ISABELLE CLÉMENT
p. 100 (7.4)

ISTOCKPHOTO
p. 32 (3.2 et 3.4)
p. 48 (4.2)
p. 51 (4.5) : M. Battye
p. 61 (5.3) : A. Matthiassen
p. 61 (5.4) : P. Espen Olsen
p. 66 (5.7)
p. 71 (5.11)